Boxer

Gudrun Beckmann

Boxer

Anschaffung · Haltung · Erziehung

FALKEN

Inhaltsverzeichnis

Das Wichtigste auf einen Blick

Kleine Geschichte der Rasse

Die Frage nach dem Urahn

Seit Jahrzehnten gehört der Deutsche Boxer – allen sich wandelnden Modetrends zum Trotz – zu den beliebtesten Hunderassen der Welt. Die Fangemeinde des Deutschen Boxers ist international. Und sie ist sich – in treuer Anhänglichkeit an ihr Idol – auch weltweit einig: Diese Mischung aus Kraft und Anhänglichkeit, aus Temperament und Ruhe, die ist einmalig: So können nur Boxer sein! Stellt man aber die Frage: „Wo kommen denn die Boxer her?“, ist es mit der Einigkeit sofort vorbei. Dann schwören die Traditionalisten, auf die „urtümliche Tibetdogge“, die modernen, auf den „Old English Mastiff“.

In der Ruhe liegt die Kraft

Doch dieser Streit ist ein Streit um des Kaisers Bart.
Beide, die Tibetdogge genauso wie der Mastiff, sind nur die am weitesten voneinander entfernten Nachkommen eines einzigen Hundetyps, der sich seit Jahrtausenden in den eurasischen Hochgebirgen entwickelt hat. Dieser Hundetyp unterscheidet sich von anderen durch seine relative Größe, seine Schwerknochigkeit, seine eher kurze, breite Schnauze mit der gewölbten Stirn und – seine Schlappohren. Schlappohrriesen gab und gibt es ursprünglich nur in den eurasischen Hochgebirgen von den Pyrenäen bis hin zum Himalaja. Und aus diesen Schlappohrriesen entwickelten sich dann im Laufe der Jahrtausende – angepaßt an Klima, Umwelt- und Lebensbedingungen – die unterschiedlichsten Regionalrassen: die langhaarigen Hirtenhunde wie die Tibetdogge und die kurzhaarigen sogenannten Doggenartigen wie der Mastiff. Wenn wir den Urahn unserer heutigen Boxer suchen, müssen wir uns also nicht um eine der vielen modernen Rassen streiten. Wir können davon ausgehen: Der Urahn unserer Boxer war ein kurzhaariger Schlappohrriese aus den wärmeren Vorgebirgen. Im nachtkalten Hochgebirge wäre er langhaarig geblieben.

Von Sauhunden und Bullenbeißern

Alle großen Schlappohrriesen faßt man heute unter dem Namen **„Lagerhunde“** zusammen, weil man ihre Überreste auch in römischen Soldatenlagern fand. Doch mit den Römern hat ihre Geschichte nur wenig zu tun: Die Römer hielten sich keine großen Hunde. Sie kauften sie als „exotische“ Importe von den benachbarten Kelten und verheizten sie in blutigen Tierkämpfen in der Arena. Die Germanen, die vor gut 2000 Jahren ins Römische Reich einfielen, brachten große Hunde mit. Und von da an mußten die Römer immer zwei Schlachten gewinnen: einmal gegen

die Männer im Feld und einmal gegen die Frauen und die Schlappohrriesen in der Wagenburg. Diese doppelte Kriegführung aber war laut Tacitus auf Dauer zermürbend, und so kam, was kommen mußte: Das Römische Reich zerfiel, und die Germanen bauten an seiner Stelle ein neues auf – mit Hilfe ihrer Frauen und ihrer Hunde.

Die Germanen kannten und schätzten zwei Typen von Schlappohrriesen:

- die langhaarigen **Schafrüden,** die, mit einem natürlichen „Fellpanzer" versehen, das Vieh auf der Weide vor Wölfen, Bären und Luchsen schützten,
- die kurzhaarigen **Packrüden** oder **Sauhunde,** die sie zur Jagd auf wehrhaftes Wild, auf Wildschwein, Ur und Wisent, einsetzten.

Da aber die Jagd mit der Zeit immer mehr zum Vorrecht der Adligen wurde, entwickelten sich die Packrüden und Sauhunde bald zu „Herrenhunden". Die Schafrüden dagegen blieben Bauern- oder Hirtenhunde, die nur ab und zu als Hetzrüden für die Jagd verwendet wurden.

Um auch schnellflüchtiges Jagdwild (z. B. Wölfe) fassen zu können, kreuzte man in England schon bald Packrüden mit Windhunden. So entstanden die berühmten **English Dogs,** die „Englischen Docken", die dann als **Deutsche Doggen** der ganzen Gruppe der kurzhaarigen Schlappohrriesen den Namen gaben, die aber gar keine reinen Doggenartigen sind. Und man kreuzte, um die neue „Volksbelustigung" der blutigen Tierkämpfe aufrei-

zender zu machen, die für diese Aufgabe viel zu gemütlichen Packer mit angriffslustigen Terriern: Die kleineren, wendigeren **Bullenbeißer** entstanden.
Doch die Zeiten änderten sich wieder: Das Gewehr wurde erfunden. Mit ihm wurde die Jagd ein Kinderspiel. Und innerhalb kurzer Zeit waren Ur, Wisent, Wolf und Bär ausgerottet. Die kräftigen Schlappohrriesen wurden nicht mehr gebraucht. Ihre Arbeit übernahmen andere, führigere Hunderassen: Die „zivilisierte" Jagdhund-Meute entstand, die nur noch sucht und hetzt, aber nicht mehr selber angreift. Die Arbeit der Schafrüden übernahmen die umgänglicheren Schäferhunde. Und für die einst so beliebten grausamen Tierkämpfe nahm man statt der eigenwilligen Bullenbeißer jetzt lieber die für Menschen handhabbareren Bullterrier.
Die alten Schlappohrriesen traf diese Veränderung hart: Sie wurden als Herrenhunde entlassen und überlebten nur noch in einsamen Gegenden oder als Viehtreiber. Weit übers Land mußte damals das Vieh in großen Herden auf die städtischen Märkte und Schlachthöfe getrieben werden. Für diese Arbeit brauchte man ruhige, selbstbewußte Hunde, die die Herden nicht beunruhigten, die aber gleichzeitig durchsetzungsfähig genug waren, um in Sekundenbruchteilen auch den widerborstigsten Bullen zur Raison zu bringen. Doch die Erfindung der Eisenbahn und die Einrichtung moderner Schlachthöfe machten die alten Packer endgültig arbeitslos. Die kleineren Bullenbeißer dagegen überlebten als die Hunde der Metzger und Gastwirte, die nun ihrerseits mit den Viehtreibern, ihrem Vieh und mit deren Hunden fertig werden mußten.

Abstammung

Aus den Lagerhunden haben sich fünf Rassekreise entwickelt:
1. die langhaarigen, großen Hirtenhunde: Tibetdogge, Akbash, Kuvasz, Pyrenäenberghund u. a.
2. die langhaarigen Hof- und Arbeitshunde: Hovawart, Berner Sennenhund, Bouvier des Flandres, Neufundländer u. a.
3. die zotthaarigen, kleineren Hütehunde mit dem „bärtigen" Gesicht: Bobtail, Briard, PON, Puli u. a.
4. die kurzhaarigen, schweren Packrüden: Mastiff, Bernhardiner, Bordeauxdogge, Mastino Napoletano u. a.
5. die kurzhaarigen, temperamentvollen Treibhunde und „Bullenbeißer": Bulldogge, Rottweiler, Appenzeller Sennenhund, Boxer u. a.

Die fünf Rassekreise

Die Hirtenhunde

Pyrenäenberghund
außerdem: Tibetdogge, Akbash, Kuvasz u. a.

Die Hof- und Arbeitshunde

Berner Sennenhund
außerdem: Hovawart, Bouvier des Flandres, Neufundländer u. a.

Die Hütehunde

Bobtail
außerdem: Briard, PON, Puli u. a.

Die Packrüden

Bordeauxdogge
außerdem: Mastiff, Bernhardiner, Mastino Napoletano u. a.

Die Treibhunde und „Bullenbeißer“

Bulldogge
außerdem: Rottweiler, Appenzeller Sennenhund, Boxer u. a.

Die Geschichte der Zucht

Vor mehr als 100 Jahren kannte man die alten Packer und Bullenbeißer eigentlich nur noch dem Namen nach. Einer der letzten Bullenbeißer war der sogenannte Bayrische Bierboxer, ein nicht sehr angesehener Hund, den die Fachwelt, die damals gerade für englische Hunde schwärmte, als „schlechte Bulldogge“ abqualifizierte. Aber genau dieser Bierboxer fand Anhänger und Liebhaber und wurde zum „Deutschen Boxer“.
1895 riefen E. König, R. Hoepner und F. Robert in München den ersten Deutschen Boxer-Klub ins Leben. **Mühlbauers Flocki,** der Sohn eines weißen „Bulldog“ und einer gescheckten Boxerhündin, wurde als erster Deutscher Boxer ins Stammbuch eingetragen, und seine Enkelin **Meta von der Passage,** eine dicke weiße Boxerhündin mit viel Bulldoggenblut, wurde zur wichtigsten Stammutter der Rasse.

Wie sollte der Deutsche Boxer aussehen?

Die drei Gründungsväter der Klubs waren über Flocki und Meta nicht sehr glücklich. Zwar war die englische Bulldogge vor 100 Jahren noch nicht der Bulldog von heute, sondern eher eine Mischung aus Bullterrier, Staffordshire Terrier und Bulldog. Aber dem Ideal der Gründungsväter hätte Flockis hochbeiniger Sohn Flock-St.-Salvator mehr entsprochen. Dieses Ideal konnten sie allerdings nicht durchsetzen, und so lähmte der Streit um das richtige Aussehen des „Deutschen Boxers“ lange die Arbeit im Klub. Erst 1905 einigte man sich auf einen für alle Züchter verbind-

Trotz 100 Jahren Boxer-Zucht: Metas Erben leben immer noch!

lichen Rassestandard. Doch erst ca. 20 Jahre später stand das Ziel fest:

- Der Deutsche Boxer sollte stämmig, aber nicht plump, beweglich, aber nicht leicht sein.
- Der Deutsche Boxer sollte ein Schutz-, Dienst- und Gebrauchshund sein, ein richtiger alter Bullenbeißer, kein Terrier, kein Bulldog.

Zielstrebig wurde alles bis dahin noch geduldete Bulldoggen- oder Terriererbe aus der Zucht verbannt: Weiße, schwarze oder gescheckte Hunde wurden ausgeschlossen, erlaubt waren nur die ursprünglichen Farben des alten Bullenbeißers: Gelb und Gestromt. Und der Boxer sollte auch wieder eine beeindruckende Größe haben. War man 1905 mit einer Schulterhöhe von 50 bis 55 cm bei Rüden zufrieden, so verlangte man 1920 54 bis 60 cm und ab 1968 gar 57 bis 63 cm.
Neuerdings ist auch das Kupieren der Ohren, wie es bei den alten Packrüden seit Jahrhunderten üblich war, verboten. Dieses Verbot hat zwar das Aussehen der alten Bierboxer verändert, ihnen aber nichts von ihrem Schneid, ihrem Charakter genommen. Boxer waren und sind Lagerhunde, und Lagerhunde hatten immer schon Schlappohren.

Auszug aus dem heutigen Rassestandard

Allgemeines Erscheinungsbild
Der Boxer ist ein mittelgroßer, glatthaariger, stämmiger Hund mit kurzem, quadratischem Gebäude und starken Knochen. Die Muskulatur ist trocken, kräftig entwickelt und plastisch hervortretend. Die Bewegungen sind lebhaft, voll Kraft und Adel. Der Boxer darf weder plump oder schwerfällig noch leibarm oder windig erscheinen.

Verhalten und Charakter
Der Boxer soll nervenstark, selbstbewußt, ruhig und ausgeglichen sein. Sein Wesen ist von allergrößter Wichtigkeit und bedarf sorgsamster Pflege. Seine Anhänglichkeit und Treue gegenüber seinem Herrn und dem ganzen Haus, seine Wachsamkeit und sein unerschrockener Mut als Verteidiger sind von alters her berühmt. Er ist harmlos in der Familie, aber mißtrauisch gegenüber Fremden, heiter und freundlich beim Spiel, aber furchtlos im Ernst. Er ist leicht auszubilden vermöge seiner Bereitschaft zur Unterordnung, seines Schneides und Mutes, seiner natürlichen Schärfe und seiner Riechfähigkeit. Bei seiner Anspruchslosigkeit und Reinlich-

keit ist er gleich angenehm und wertvoll in der Familie wie als Schutz-, Begleit- oder Diensthund. Sein Charakter ist bieder, ohne Falschheit und Hinterlist, auch im höheren Alter. **Fehler:** Aggressivität, Bösartigkeit, Hinterlist, Unzuverlässigkeit, Mangel an Temperament, Feigheit.

Kopf
Er verleiht dem Boxer das Gepräge, muß in gutem Ebenmaß zum Körper sein. Der Fang soll möglichst breit und mächtig sein. Die dunkle Maske beschränkt sich auf den Fang und muß sich von der Farbe des Kopfes deutlich abheben, damit das Gesicht nicht finster wirkt.

Stop
Die Stirn bildet zum Nasenrücken einen deutlichen Absatz.

Mit dem neuen, unkupierten Look haben viele Boxerfans bis heute ihre Probleme. Aber: Boxer sind Lagerhunde, und Lagerhunde haben und hatten eben Schlappohren – immer

Nase
Die Nasenspitze liegt etwas höher als die Nasenwurzel.

Gebiß
Der Unterkiefer überragt den Oberkiefer und ist leicht nach oben gebogen. Der Boxer beißt vor.

Ohren
Hoch angesetzt... eher klein als groß, sie fühlen sich dünn an. Wenn der Hund aufmerksam ist, sollten die Ohren mit einer deutlichen Falte nach vorne fallen.

Fehler: Mangel an Adel und Ausdruck, finsteres Gesicht, Pinscher- oder Bulldogkopf, Geifern, Zähne oder Zunge zeigen, zu spitzer oder zu leichter Fang, abfallender Nasenrücken, Leder- oder Wetternase, heller Nasenschwamm, sogenanntes Raubvogelauge, nicht durchgefärbte Nickhaut, schlecht kupierte Ohren: flatternde, halbaufgerichtete oder aufgerichtete Ohren, Rosenohren,verkanteter Unterkiefer, schräge Zahnleiste, fehlerhafte Zahnstellung, schwach ausgebildete Zähne, untaugliches Gebiß infolge Krankheit.

Gebäude
Quadratisch. Der Rumpf ruht auf stämmigen, geraden Läufen.

Rute
Der Ansatz eher hoch als tief, kurz kupiert und aufwärts getragen.

Haarkleid
Kurz, hart, glänzend und anliegend.

Farbe
Gelb oder gestromt. Gelb kommt in verschiedenen Tönen vor, von hellgelb bis dunkelkirschrot. Schwarze Maske. Weiße Abzeichen sind nicht grundsätzlich zu verwerfen.

Fehler: Über den Fang hinausreichende Maske. Zu dicht aneinanderliegende oder nur vereinzelt erkennbare Streifen. Schmutzige Grundfarbe. Sich vermischende Farben. Unschöne weiße Abzeichen, wie ganz oder halbseitig weißer Kopf. Andersfarbige oder solche, deren Grundfarbe von mehr als einem Drittel Weiß verdrängt wird.

Größe

Vom Widerrist bis zum Boden:

◆ Rüden: 57–63 cm

◆ Hündinnen: 53–59 cm

Gewicht

◆ Rüden: über 30 kg (bei etwa 60 cm Widerristhöhe)

◆ Hündinnen: ungefähr 25 kg (bei etwa 56 cm Widerristhöhe)

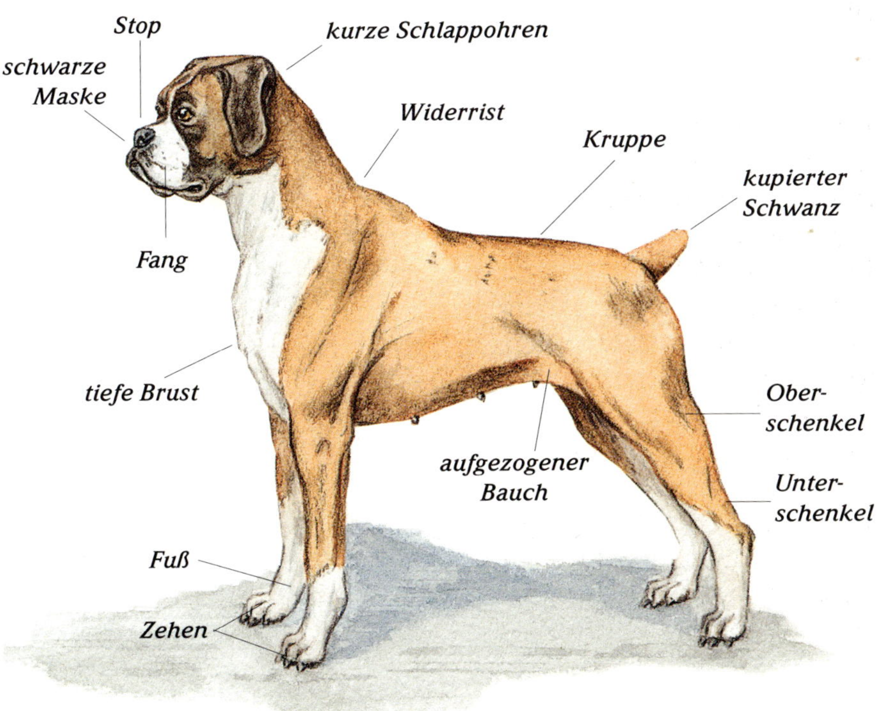

Der moderne Boxer

Sein Wesen …

Über die Frage, warum der Boxer „Boxer" heißt, zerbricht man sich seit 100 Jahren die Köpfe. Und vergebliche Versuche wurden gestartet, den englischen Namen dieser „urdeutschen" Rasse irgendwie einzudeutschen. Aber der Name blieb – weil er paßt.

Stark und schnell

Ein Deutscher Boxer, der ja unter den Hunden weder ein „Leicht"– noch ein „Schwergewicht" ist, hat vieles mit seinem zweibeinigen Pendant, dem menschlichen Mittelgewichtsboxer gemeinsam: die Mischung aus Kraft und Schnelligkeit, die Beinarbeit, die Wendigkeit auf engstem Raum, die schnellen Reflexe, das sichere Auge, die intelligente Selbstverteidigung und den Fintenreichtum. Ein guter Boxer (der vier- genauso wie der zweibeinige) ist kein Schläger, kein Raufer. Er meidet hektisches Gerangel oder ermüdendes Geschiebe. Er hält Distanz, er spielt mit der Deckung und dem Gegner, ehe er ganz plötzlich – ansatzlos und ohne Vorwarnung – zur Sache kommt.

Hart, aber fair

Natürlich ist er auch hart im Nehmen, kein „Mimöschen", das nach dem ersten Gegenwort den Schwanz einzieht. Im Gegenteil, Widerspruch reizt ihn, macht ihn aufmerksamer. Aber bei allem bleibt er immer fair: kein Angriff von hinten, kein Schlag unter die Gürtellinie. Ein Boxer kommt – egal, was passiert – immer von vorn, auch bei Autos, die ihn gereizt haben. Doch er ist (im Falle des Autos muß man sagen: gottlob) kein Rechthaber. Er kann nachgeben. Und das tut er auch, wenn das, was er wollte, nicht sofort zu erreichen ist. Alle Boxer sind nämlich – gerade weil sie solche explosionsfähigen Kraftbündel sein können – auch schnell ermüdbar. Sie brauchen ihre Erholungspausen und nehmen sie sich auch. Sie sind selbstbewußt genug, auf bessere Chancen warten zu können.

Selbstbewußt, aber friedfertig

An Selbstbewußtsein mangelt es einem Boxer absolut nicht. Niederlagen sind für ihn nur eine Aufforderung, einen neuerlichen Versuch zu starten. Selbst schlechte Erfahrungen halten diese „harten" Hunde nicht von Wiederholungen ab – eine Eigenschaft, die das Erbe aus seiner Packer-, aus seiner Bullenbeißerzeit ist. Jahrtausende hat der Boxer überlebt als Hetz-, Pack- und Treibhund für wehrhaftes Wild, das ihm an schierer Kraft um einiges überlegen war. Er hätte diese Aufgabe gar nicht meistern können, wenn er „weicher", beeindruckbarer gewesen wäre.

Boxer fühlen sich nur im Rudel wohl: Sie brauchen festen Familienanschluß

In der Familie jedoch sind diese „harten Burschen" zumeist sehr friedfertige Gesellen, ruhig und bereit, fast jede Provokation zu übersehen. Boxer sind zufrieden, wenn sie ihre Gruppe, ihr Rudel um sich haben und wenn sie mit ihrer Gruppe, ihrem Rudel ab und zu so richtig Spaß haben dürfen.

Sehr kontaktfreudig

Deshalb ist ein Boxer auch kein Hund, den man unbeschadet auf Dauer im Zwinger, Keller oder Schuppen halten kann. Auf sich allein gestellt und ohne feste Gruppenan-

Boxer sind nicht nur im Welpenalter neugierig, verspielt und aufmerksam. Sie bleiben das, wenn man ihnen die Freiheit läßt, bis ins hohe Alter

bindung verliert er sehr schnell seine guten Eigenschaften. Übrig bleibt dann das nimmermüde Temperament, seine „Härte“ und ein Selbstverteidigungswille, der dieses Kraftbündel auch für den eigenen, ihm aber fremd gewordenen Halter gefährlich machen kann.

Alle Boxer sind bis ins hohe Alter hinein ausgesprochen kontaktfreudig, verspielt und neugierig. Aber sie haben ihren eigenen Kopf. Und in diesem Kopf gibt es (wie bei allen ihren Verwandten aus der Lagerhundgruppe) eine Art Schalter, der von einer Sekunde auf die andere von absoluter Ruhe und Gelassenheit auf absolute Erregung umschalten kann. „Er ist harmlos in der Familie“,

Temperamentvollere Kerle brauchen viel Kontakt mit Artgenossen, sonst werden sie zu ungeselligen Raufern

„heiteren und freundlichen Temperaments“, sagt der Rassestandard, aber er ist „furchtlos im Ernst“.
„Der Charakter des Boxers ist von allergrößter Wichtigkeit und bedarf sorgsamster Pflege“. Richtig. Da aber der Charakter eines Hundes nur zum Teil angeboren ist und ansonsten durch den Züchter und den Halter geformt wird, wollen wir jetzt noch die Frage stellen, wie das passende Herrchen beziehungsweise Frauchen für dieses kontaktfreudige Kraftpaket wohl aussehen sollte.

… und sein Halter

Der ideale Boxerhalter sollte ähnliche Eigenschaften besitzen wie sein Hund: Er sollte ruhig, selbstbewußt, freundlich und ein bißchen hart im Nehmen sein – etwa wenn sein Boxer mit ihm auf Boxermanier spielen will oder wenn er seinen Boxer aus einem heftigen Kampf herausholen muß. Aber Geduld muß er haben und vor allem Humor, beides wird sein vierbeiniger Kumpan immer wieder von ihm fordern. Zuverlässig sollte er sein, nicht aufbrausend, nicht nachtragend. Und er muß stets bereit sein, die volle Verantwortung für den Kraftbolzen an seiner Seite zu übernehmen und ihn zu lenken. Und gelenkt werden – mit Konsequenz und Humor – muß ein Boxer.

Wichtig:
Boxer sind sehr selbstbewußte Hunde, doch sie sind auch sehr menschenbezogen und sensibel: Sie brauchen ihren festen Platz im Familienrudel und wollen von ihren Leuten ernst genommen werden. Wer ihnen diesen Platz, diese Anerkennung verweigert, wer sie zu Sportgeräten, Alarmanlagen oder „Viehzeug“ degradiert, der sollte sich lieber keinen Boxer anschaffen. Er schafft sich nur Probleme.

Boxerspiele sind herzlich, aber rauh. Der mitspielende Mensch muß rein körperlich etwas aushalten können

Ein Boxer soll ins Haus

Was Sie vorher überlegen sollten

Wer sich einen Boxer als Kumpan ins Haus holt, der weiß, was er will. Boxer sind nie Modehunde gewesen, für die man sich aus einer Laune heraus entscheidet. Doch ehe man es wirklich tut, sollte man sich noch einmal die Frage stellen: Muß es denn unbedingt ein Boxer sein?
Ein Boxer ist nicht einfach nur ein Hund. Am Boxer scheiden sich die Geister: Die meisten Menschen werden Sie und ihren Hund immer mißtrauisch im Auge behalten. Ihre beruhigende Aussage: „Nein, der beißt nicht, nein, der sabbert nicht" ist da völlig in den Wind geredet. Gegen Vorurteile kommt die Wahrheit nur selten an. Schlimmer aber sind jene Zeitgenossen, die beim Anblick eines Boxers sofort in Panik geraten und Sie mitsamt ihrem Hund als öffentliche Gefahr beschimpfen. Und dann gibt es da noch die (gerade im Moment) boxerlosen Boxerfans. Sie stürzen schon von weitem auf jeden Boxer zu und beginnen sofort eine ausgiebige Schmuserei. Für solche Leute müssen Sie Zeit haben. Ihr Hund nimmt sie sich auch.
Sie sehen, einen Boxer kauft man nicht für sich allein. An dem nimmt die Umwelt Anteil. Und diese Anteilnahme müssen Sie aushalten können.
Prüfen Sie deshalb erst einmal sich und Ihr Umfeld. Klären Sie, ob Hundehaltung in Ihrer Wohnung überhaupt erlaubt ist, und wenn ja, ob das auch für „große" Hunde (wie eben Boxer) gilt. Boxer sind zwar aufgrund ihrer Gemütsruhe und ihres gelassenen Temperaments eigentlich ideale Stadthunde, aber nicht jeder mag sie. Und dann bereden Sie die Sache noch einmal in aller Ruhe mit Ihrer Familie, mit Ihrem Partner.

Wo kaufen Sie einen Boxer?

Die Frage ist schnell beantwortet: auf keinen Fall im Kaufhaus, bei irgendeinem Hundehändler am Ortsrand oder aus einem Zwinger. Gründe dafür gibt

Checkliste **Die 10 Fragen, die Sie vor dem Kauf abklären müssen**

1. Muß es denn unbedingt ein Boxer sein?

2. Dürfen Sie in Ihrer Wohnung überhaupt einen Boxer halten? (Boxer zählen zu den „großen“ Hunden, und für die gelten meist Sonderbestimmungen.)

3. Ist jeder in der Familie mit der Anschaffung eines Boxers einverstanden? (Zuneigung kann man nicht erzwingen, Ihr Boxer wird sie dennoch suchen.)

4. Ist die meiste Zeit des Tages jemand da, der für den Hund sorgen kann? (8 Stunden am Tag allein sein müssen, ist für jeden Hund eine Strafe.)

5. Verläuft Ihr Leben in einigermaßen geordneten Bahnen, und sind Sie entschlossen, das in den nächsten 10 Jahren auch nicht grundlegend zu verändern?

6. Sind Sie bereit, dem Hund zuliebe auf Urlaubsreisen – oder zumindest auf bestimmte Urlaubsziele – zu verzichten?

7. Gibt es in Ihrer nächsten Umgebung einen Platz, wo sich der Hund problemlos „lösen“ kann?

8. Ist Ihnen klar, daß ein Boxer im Monat ca. 100–200 DM kostet (Futter, Steuer, Versicherung, Impfungen – Extras und Notfälle noch gar nicht eingerechnet)?

9. Denken Sie daran, daß ein Boxer auch einmal krank werden kann und daß Sie ihn dann ganz schnell zum Tierarzt bringen müssen?

10. Einen Boxer kaufen heißt einen Boxer adoptieren und mit ihm leben in guten wie in schlechten Tagen, ein ganzes Hundeleben lang. Sind Sie dazu bereit?

es genug: Wenn Hunde geboren werden, sind sie taub und blind und können eigentlich noch gar nichts. Alle Muskeln, Knochen, Sehnen und auch das Gehirn sind bei der Geburt nur angelegt, aber noch lange nicht ausgereift.
Die Hirnreifung aber ist – wie bei allen Säugetieren – abhängig von der Umwelt: Je anregender und vielfältiger die Umgebung ist, je mehr Bewegungsfreiheit das Jungtier hat, je mehr es ausprobieren und „begreifen" darf, desto schneller und komplexer entwickelt sich das junge Hirn, das diese Reize aufnimmt, desto eher wird der Hund später auf neue Reize sicher und angstfrei reagieren.

Zwingerhaltung beeinträchtigt die Entwicklung

Dumm geboren, nichts dazugelernt – das ist das Schicksal aller im Zwinger oder Schuppen aufgewachsenen Junghunde. Sie können, wenn Sie so ein Kerlchen zu sich nehmen, noch bis zum 4. Lebensmonat einiges gutmachen, aber nicht alles.
Kommt solch ein Hund allerdings erst nach dem 3., 4. Lebensmonat zu Ihnen, dann haben Sie überhaupt keine Chance mehr, aus ihm einen selbstbewußten, gelassenen Hund zu machen: Er wird bis an sein Lebensende vor allem Neuen scheuen, womöglich ein Angstbeißer werden und Ihnen viele Sorgen bereiten.

Wichtig:
Kaufen Sie **nie** einen Boxer aus einem abgelegenen Zwinger. Auch nicht aus Mitleid: Hundehändler leben vom Mitleid, und Ihr „gerettetes" Hundchen wird ganz schnell durch ein anderes ersetzt, das Sie dann nicht mehr „retten" können.

Nur gute Züchter haben gute Boxer

Ein Hund vom Züchter

Kaufen Sie allerdings auch nicht unbesehen bei jedem Züchter, selbst dann nicht, wenn er eine ganze Wand voller Siegespokale vorweisen kann. Sehen Sie sich auf jeden Fall das Welpenlager mitsamt Mutter und Geschwistern an. Und beobachten Sie, wie die Hunde auf den Züchter reagieren. Scheuen sie vor ihm zurück oder beachten sie ihn gar nicht, dann wird Ihr Kleiner sich Ihnen gegenüber genauso verhalten. Kommen dagegen alle neugierig angestürmt, kennen sie womöglich schon ihre Namen, dann kaufen Sie sofort und ohne lange zu überlegen. Das wichtigste an einem jungen Boxer sind nicht die Auszeichnungen seiner Eltern oder seine Ahnentafel. Das wichtigste ist sein Wesen. Und das Wesen eines Boxers ist mit ca. 8 Wochen schon fest entwickelt. Daran können Sie auch in 8 Jahren nicht mehr viel verändern.

Der Charakter der Mutter prägt den Charakter der Welpen

Unser Tip

Kaufen Sie Ihren Boxer nur dort, wo er innerhalb einer menschlichen Familie und mit viel Kontakten aufgewachsen ist. Und sehen Sie vorher auch noch die Privatanzeigen in den Zeitungen durch, oder fragen Sie bei Ihrem Tierheim nach: Manchmal geht das Glück seltsame Wege.

Wann kaufen Sie einen Welpen?

Die Entwicklung bestimmt den Zeitpunkt

In einem natürlichen Hunderudel, das aus Mutter, Vater und Kindern besteht, verläuft die Entwicklung der Welpen immer nach demselben Muster:
Wenn Hunde zur Welt kommen, können sie eigentlich gar nichts. Junge Hunde sind absolute „Nestlinge“ und in allem von der Mutter abhängig.

Mit 10 bis 14 Tagen öffnen sie die Augen, mit ca. 3 Wochen verlassen sie erstmals ihr Nest, aber nur kurz, und beim ersten ungewohnten Geräusch kommen sie gleich schreiend wieder zurück. Erst zwischen der 4. und der 8. Woche lernt ein junger Hund sein Rudel kennen. Er lernt, wen er beißen kann und wen nicht (der beißt sofort zurück). Er lernt, daß ein Rudel ganz unterschiedliche Mitglieder hat und daß man mit allen unterschiedlich umgehen muß (auch mit Menschen, Katzen, Vögeln). Er lernt, daß er im Rudel sicher ist, daß die „Großen" ihn beschützen, auch wenn sie manchmal grob sind. Er lernt, Vertrauen zu seinem Rudel und zu seiner Umwelt zu haben, **Urvertrauen** nennen das die Psychologen. Mit diesem Urvertrauen ausgestattet und immer ganz dicht bei der Mutter beginnen die Jungen die Welt zu erforschen und ihre Erfahrungen zu machen. Die Mutter hält sich ihre Kleinen jetzt mehr und mehr vom Leib, stillt sie nach und nach ab. Und nach 7 Wochen hat sie ganz offensichtlich von ihrer Bande die Nase voll. Sie überläßt die Kleinen dem Vater, der sich schon lange einmischen wollte, aber nie durfte.

Welpen brauchen Anregung: Nur so können sie ihre Umwelt „begreifen"

Und aus diesem Grunde ist der geeignetste Zeitpunkt für die Übernahme eines Welpen die Zeit um seine 8. Lebenswoche herum. Jetzt ist der Kleine abgestillt, jetzt zieht sich die Mutter zurück, jetzt würde sich im natürlichen Hunderudel jeder Welpe demjenigen anschließen, der bereit ist, Vater- oder Mutterrolle zu übernehmen.

Den Welpen vor Beginn der Erziehungsphase übernehmen

Eigentlich ist der richtige Zeitpunkt allgemein bekannt. Aber es gibt immer noch Züchter, die ihre Welpen lieber erst mit 10, 12 Wochen abgeben. Sie meinen, die Kleinen seien auch zu empfindlich und außerdem ja auch noch nicht durchgeimpft. Auf dieses Argument sollten potentielle Boxerhalter allerdings nicht eingehen: Mit 12 Wochen beginnt nämlich im natürlichen Boxerrudel die Erziehung. Die aber setzt das Vertrauen des Hundes voraus, und das muß man sich vorher erworben haben.

Mit 4 Monaten dann kommt jeder junge Hund in seine „Fremdelphase" und scheut vor neuen Dingen und Situationen, eine schlechte Zeit für einen Neuanfang also. Und mit 6 Monaten ist er schließlich ein beinahe schon erwachsener Junghund.

Wichtig:

Natürlich kann man auch einen fast oder ganz erwachsenen Hund adoptieren, aber dazu sollte man schon Hunde-Erfahrung besitzen. Ersthundehaltern sei geraten, sich auf jeden Fall einen 8 Wochen alten Welpen zu kaufen.

Rüde oder Hündin?

Diese Frage wird meist mit dem Hinweis auf die Läufigkeiten der Weibchen zugunsten der Rüden entschieden. Klar: Weibchen sind ein- bis zweimal im Jahr 3 Wochen lang läufig. Aber das weiß man, darauf kann man sich einstellen. Ein Rüde dagegen ist potentiell das ganze Jahr über „läufig“, und der Halter weiß nie, ob und wann.
Gegen die Läufigkeit der Hündin kann man etwas tun: Wir werden auf dieses Thema beim erwachsenen Boxer noch ausführlicher eingehen (siehe Seite 71 ff.). Gegen die „Läufigkeiten“ eines Rüden aber ist man im Grunde machtlos.

Keine großen Wesensunterschiede

Rüden sind (meist, nicht immer) etwas größer, stattlicher. Sie sind etwas selbständiger, mehr an der Welt draußen interessiert und immer auf dem Sprung, sie auch in Augenschein zu nehmen. Außerdem sind Rüden (meist) eigenwilliger und auch dominanter.

Weibchen dagegen leben mehr im Rudel. Ihr Interesse konzentriert sich auf ihre Leute, ihr Areal. In ihrer Gruppe sind sie anhänglicher, anpassungsbereiter, aber im Gegenzug nach außen hin oft abweisender und mißtrauischer. Sie neigen weniger zum Streunen, sind haustreuer und eigentlich die unbestechlicheren Wachhunde in Haus und Hof.

Wer Probleme vermeiden will, achtet auf die Hunde der Nachbarn

Hündinnen sind nicht immer und überall „freundlicher". Sie haben nur – meist – eine engere Rudelbindung

Sie sehen, die Entscheidung ist gar nicht so einfach: Ganz schön „rüde" können bei Boxern beide Geschlechter sein, die Weibchen eher nach außen, die Rüden manchmal auch innerhalb der Gruppe.

Unser Tip

Werfen Sie, bevor Sie sich zum Kauf entscheiden, einen Blick in Ihre Nachbarschaft. Wenn es hier nur Weibchen gibt, sollten Sie sich nicht den einzigen Rüden holen. Wenn hingegen alle Rüden halten, können Sie sich durchaus ein Weibchen nehmen. Aber geben Sie ihr dann die „Pille".

Welcher Welpe ist der richtige für Sie?

In den meisten Fällen stellt sich diese Frage dem Käufer gar nicht. Ein verantwortungsvoller Züchter, der seine Kleinen gut unterbringen will, beginnt mit deren Verkauf nämlich bereits vor ihrer Geburt. Und deshalb sind die meisten Welpen im Alter von 6 bis 8 Wochen schon versprochen und vergeben.

Sollten Sie aber doch das Glück haben, aussuchen zu dürfen, dann verlassen Sie sich nicht auf irgendwelche Welpentests. Fragen Sie den Züchter.

Mit 6 bis 8 Wochen entwickelt jeder Welpe seinen ganz individuellen Charakter. Und diesen Charakter

behält er, wenn Sie sorgsam mit ihm umgehen, sein Leben lang.
Mit 6, 7 Wochen sind die Welpen sehr unterschiedlich: Es gibt die Frechen, die immer vorneweg sein müssen, die Stillen, die lieber ihre Ruhe haben, die Neugierigen, die nichts ununtersucht lassen. Ein guter Züchter kennt seine Welpen. Erzählen Sie ihm von sich, Ihrem Leben, Ihren Plänen und den Vorstellungen, die Sie sich von Ihrem Boxer machen. Hören Sie genau zu, was er sagt, und akzeptieren Sie, wenn er meint, der hübsche Gestromte passe nicht zu Ihnen und Sie sollten lieber den dicken Gelben nehmen.

Wichtig:
Ein Züchter, der keinen Wert auf die Unterschiede zwischen den Welpen legt, der meint, sie seien doch alle gleich, und wie ein Hund später mal wird, das hänge sowieso ganz allein vom Halter ab, der ist kein guter Züchter. Der wird Ihnen auch später nicht helfen, wenn Fragen oder Probleme auftauchen. Kaufen Sie lieber woanders.

Zwischen der 6. und der 8. Woche entwickelt jeder Welpe seinen ganz eigenen Charakter. Und den behält er dann – auch gegen Ihren Willen

Der Boxer zieht ein

Die Vorbereitungen

Alles ist entschieden, der Übergabetermin für Ihr neues Familienmitglied steht fest. Jetzt müssen Sie nur noch zu Hause alles vorbereiten:

Grundausstattung

Das Körbchen

Ein teures, schönes Hundekörbchen sollten Sie nur kaufen, wenn Sie bereit sind, längstens alle 2 Monate ein neues zu kaufen. Ihrem Kleinen reicht eine Matratze (60 x 100 cm) mit einer waschbaren Decke darüber.

Halsband und Leine

Und dann brauchen Sie natürlich noch Halsband und Leine, beides passend zur Größe, am besten aus Leder, leicht und ohne teuren modischen Schnickschnack. Auf –Vorrat– kaufen hat keinen Sinn: Sie brauchen sowieso bald alles neu.

Unser Tip

Das Fressen für die ersten Mahlzeiten des Welpen im neuen Zuhause bekommen Sie meist, aber nicht immer, vom Züchter. Rufen Sie also vorher an und fragen Sie, was Sie kaufen müssen. Übergabetermin ist meistens der Samstag, und bis Sie wieder zu Hause sind, sind die Geschäfte geschlossen.

Spielzeug
Teures Spielzeug braucht der Kleine auch nicht. Ein alter Tennisball, eine dicke Kartoffel, eine Klopapierrolle zum Jagen und ein ausrangiertes Küchenhandtuch mit einem dicken Knoten drin zum „Tauziehen" genügen ihm völlig.

Wichtig:
Kaufen Sie vor allem keinen Plastikkram. Kleine Boxer wollen jagen, fetzen, rangeln. Und Sie werden staunen, mit welcher Geschwindigkeit die alles kleinkriegen und – verschlucken.

Näpfe
Sie müssen je einen Napf für Futter und für Wasser kaufen. Und beide sollten Sie etwas erhöht aufstellen, damit der Kleine beim Fressen und Trinken nicht immerzu seine Schultern belastet.

Ruheplätze

Ein kleiner Boxer braucht zwei Ruheplätze, einen für die Nacht (der sollte am praktischsten neben Ihrem Bett sein; siehe dazu auch Seite 35) und einen für tagsüber. Dieser Platz sollte abseits des täglichen Trubels liegen, aber doch so, daß Ihr Kleiner von dort

Checkliste Grundausstattung

- *eine, besser zwei Matratzen 60 x 100 cm mit waschfestem Bezug*
- *Freßnapf und Wassernapf, beide am besten etwas erhöht auf einen Schemel stellen*
- *Welpenfutter: Fragen Sie beim Züchter nach*
- *Halsband und Leine: leicht und aus Leder (damit beides wenigstens die nächsten 3, 4 Monate hält)*
- *Spielzeug: nichts aus Plastik oder Hartgummi, der Hund zerfetzt (und schluckt) das sofort. Stofflappen, Stöckchen (am liebsten Obstbaumschnitt), alte Schuhe (vorher die Metallteile entfernen) sind besser*

aus alles im Blick hat. Der Flur, wo Fremde ein und aus gehen, ist kein geeigneter Platz, das abseits gelegene Badezimmer genausowenig. Am besten suchen Sie einen Platz im Wohnbereich aus, der zugfrei und wenig begangen ist, von dem man aber alles, was sich im Haus bewegt, gut übersehen kann.

Das „Hundeklo"

Suchen Sie, noch bevor Sie Ihren Neuling nach Hause holen, den Platz aus, auf dem er sich, wenn Sie mit ihm ankommen, das erste Mal „lösen" soll. Das wird dann auch der Platz sein, zu dem Sie Ihr neues Familienmitglied in den ersten Tagen nach seinem Einzug bei Ihnen bis zu zehnmal täglich im Laufschritt werden tragen müssen. Er sollte also schnell erreichbar sein.

Die Heimfahrt

Fahren Sie nicht allein, nehmen Sie sich einen Chauffeur mit! Für den Kleinen ist nämlich die erste große Reise in seinem Leben sehr aufregend. Er braucht jetzt ganz dringend jemanden, an den er sich anschmiegen kann, der ihn tröstet.
Vor seiner ersten großen Reise sollte der Welpe nichts fressen. Keine Sorge, er wird Ihnen unterwegs nicht verhungern. Hat er aber den Magen voll, kann es durchaus sein, daß er vor lauter Aufregung alles erbricht. Das ist für ihn und für Sie unangenehm. Und negative Erfahrungen sollte er auf dieser Fahrt nicht machen.
Irgendeine Decke vom Züchter, in der der vertraute, vielleicht beruhigende Rudelgeruch hängt, brauchen Sie nicht. Im Gegenteil, wenn zu Hause noch andere Tiere (Katze oder Hund) warten, wäre das sogar von Nachteil. Ihr Kleiner wird um so schneller akzeptiert, je mehr er nach seinem neuen Rudel riecht. Halten Sie ihn also ganz fest im Arm, und seien Sie nett zu ihm. Er wird sich das merken.
Engagieren Sie als „Chauffeur“ keinen „Rallyefahrer“. Machen Sie mindestens alle zwei Stunden eine Pinkelpause (Vorsicht: Halsband und Leine anlegen, sonst ist ihr Kleiner weg, ehe Sie zu Hause sind). Und wenn Sie dann zu Hause sind, tragen Sie ihn erst einmal auf den ausgesuchten Pinkelplatz, ehe Sie ins Haus gehen. Und lassen Sie dem Hund Zeit.

Unser Tip

Nehmen Sie – sicher ist sicher – ein altes Tuch mit, und regen Sie sich (und ihn) nicht auf, falls doch was passiert.

Die Eingewöhnung

Nachdem sich der Welpe draußen gelöst hat, bringen Sie ihn in sein neues Reich und setzen ihn mittendrin ab. Vermeiden Sie jede Aufregung und vor allem große Empfangskomitees. Der Kleine braucht jetzt sehr viel Ruhe. Lassen Sie ihm Zeit, sich umzusehen, sich aus eigenem Antrieb allem Neuen zu nähern. Bieten Sie ihm Schutz, wenn er Angst hat, und sagen Sie freundlich, aber bestimmt „nein", wenn er etwas Verbotenes tut. Da er dieses „Nein" anfangs noch nicht verstehen wird, schieben Sie ihn weg („Nein"), geben Sie ihm was anderes.

Der ideale Eingewöhnungsplatz ist neben Ihrem Bett. Sie können ihn später immer noch verschieben

Checkliste — ***Zu erledigen, sobald der Boxer bei Ihnen eingezogen ist***

- *dem Hauswirt und den Nachbarn Bescheid sagen (beim Anblick eines Boxerwelpen schmelzen auch harte Hundefeindeherzen)*
- *den Tierarzt anrufen, um Vorstellung und Impftermine abzusprechen*
- *den Hund bei der Gemeinde anmelden (zwecks Hundesteuer)*
- *eine Haftpflichtversicherung abschließen (auch kleine Boxer können Schaden anrichten)*
- *Spielkameraden im Umfeld suchen und nach der Impfung hin zu ihnen*

Locken Sie den Welpen mit Leckerlis auf seinen Platz (er hat jetzt Hunger). Und sorgen Sie dafür, daß niemand ihm diesen Platz streitig macht und er sich, wenn er Ruhe haben will, auch ungestört dorthin zurückziehen kann. Fängt der Kleine nach den ersten Erkundigungen an, sich für eine bestimmte Stelle in der Wohnung besonders zu interessieren, tragen Sie ihn schnell wieder hinaus auf seinen Löseplatz – und loben Sie ihn leise. Bedenken Sie, die Erziehung zur Sauberkeit beginnt in der ersten Minute. Laufen Sie also am ersten Tag lieber fünfmal zuviel als einmal zuwenig mit dem Hund hinaus. Aber: Bewahren Sie bitte Ruhe, machen Sie den Kleinen nicht nervös.

Die ersten Nächte

Anfangs sollte Ihr Neuankömmling auf jeden Fall neben Ihrem Bett verbringen dürfen. Glauben Sie den klugen Hundebuchautoren nicht, die sagen, es sei besser, dem Kleinen vom ersten Tag an klarzumachen, wo er hingehört, und außerdem würde er sowieso sehr schnell müde werden und nachgeben. Diese klugen Autoren kennen offensichtlich junge Boxer nicht.

Die ersten Nächte gemeinsam zu verbringen bietet zwei wichtige Vorteile: Zum einen stärkt es die Bindung und das Vertrauen, das Ihr junger Boxer zu Ihnen entwickeln soll. Er wird Ihnen nie vergessen, daß Sie in diesen aufregenden Zeiten immer dicht bei ihm waren. Und zum anderen merken Sie am nächsten Morgen, wann er wach wird, und können ihn gleich wieder – hoffentlich rechtzeitig – hinaus auf seinen Löseplatz bringen.

Unser Tip

Richten Sie dem Welpen kein Ferienhotel ein, wo immerzu alle für ihn Zeit haben. Ziehen Sie, auch wenn es Ihnen schwerfällt, Ihren Alltagstrott durch.

Die erste Woche

Ungefähr 1 Woche braucht Ihr neues Familienmitglied, bis es sich bei Ihnen richtig eingelebt hat. Halten Sie in dieser Woche alle großen Aufregungen von ihm fern, und gönnen Sie ihm Ruhe.
Der Kleine ist jetzt in einer sehr sensiblen Phase: Alles, was er in diesen Tagen kennenlernt, wird er später als selbstverständlich akzeptieren. Macht er jetzt die Erfahrung, daß er der Mittelpunkt der Welt ist, dann wird er das immer sein wollen und sich zu diesem Zweck alles mögliche und unmögliche einfallen lassen. Aber behalten Sie ihn ständig im Auge: Kleine Hunde sind wie kleine Kinder – immer wenn's still wird, ist schon was passiert.

Der Boxer und die anderen Heimtiere

Ist ein Welpe von Geburt an mit anderen Tieren, mit Vögeln, Katzen und Meerschweinchen aufgewachsen, werden Sie keine Probleme bekommen: Er kennt das ja alles schon.
Aber auch ein 8 Wochen alter Welpe, der noch keinerlei Erfahrungen mit anderen Heimtieren hat, lernt schnell. Nur eines: Überfordern Sie ihn nicht.

Der Welpe und Kleintiere

Wenn Ihre Haustiere gewohnt sind, sich frei in der Wohnung zu bewegen, dann nehmen Sie den Neuling erst einmal auf den Arm oder an die

Ein Welpe akzeptiert fast alles und jedes als Rudelmitglied – es muß sich ihm nur freundlich nähern

Leine, und lassen Sie ihn unter Ihrer Aufsicht Tag für Tag ein bißchen mehr alles kennenlernen. Bedenken Sie: Auch wenn Ihr Kleiner ein ganz ruhiger Typ und kein „geborener Jäger" ist, irgendwann will er mitspielen. Doch ein freundlicher Pfotenhieb, ein verspielter Biß in den Nacken können für manche der neuen Spielkameraden schon des Guten zuviel sein.

Hund und Katz

Haben Sie dagegen eine ältere Katze im Haus, dann müssen Sie in den ersten Wochen zunächst einmal Ihren Welpen schützen. Zwischen Katze und Hund gibt es angeborene Verständigungsschwierigkeiten: Hebt ein Hund die Pfote, sagt er: „Komm näher, ich will mit dir spielen!" Tut eine Katze dasselbe, dann sagt sie: „Hau ab, du kriegst gleich eine." Und das meint sie auch ernst. Wenn aber ein verspielter Junghund von seinem Gegenüber als Antwort einen Schlag ins Gesicht bekommt, kann aus ihm ganz schnell nicht nur ein einäugiger Hund werden. Er kann sich auch auf Dauer zum absoluten Katzenhasser entwickeln.

Unser Tip

Wenn Sie einen schon mehr oder weniger erwachsenen Boxer (ab 4 Monaten) ins Haus nehmen wollen, erkundigen Sie sich vorher genau, wie er sich Katzen gegenüber verhält: Aus einem überzeugten Katzenhasser macht niemand mehr einen Katzenfreund.

Der Welpe und die Kinder

Ein Hund ist kein Spielzeug

Kinder sind immer ganz begeistert von kleinen Hunden, aber sie verwechseln sie leicht mit ihren Stoff-Schmusetieren. Vom Kind her gesehen, gibt es da keine großen Unterschiede: In der kindlichen Phantasie kann der Stoffhund auch bellen, fressen, schlafen. Daß er das nicht kann, das behaupten ja immer nur die „dummen Erwachsenen".
Schützen Sie also von der ersten Minute an Ihren Neuling vor den Spiellaunen der Kinder. Ein Welpe spielt gern, und es gibt für ihn nichts Schöneres, als mit Kindern herumzutollen. Aber geben Sie acht, daß das Tollen ein Spiel bleibt und nicht in eine Keilerei ausartet. Beide Parteien, der kleine Boxer genauso wie die Kinder, müssen sich erst einmal aneinander gewöhnen. Sie müssen beide lernen, wie hart sie zufassen dürfen und wann Schluß sein muß. Und stehen Sie bei diesen Keilereien bitte nicht immer auf seiten Ihrer Kinder. Klar, auch ein kleiner Boxer mit seinen Nadelzähnen kann Kindern weh tun. Aber umgekehrt geht das auch.

Boxer und Kinder sind ideale Gefährten – wenn sie einander respektieren

Wichtig:
Bleiben Sie bei Keilereien neutral: Weder kleine Boxer noch kleine Kinder sind Dummköpfe. Wenn sie lernen, daß sie sich in Ihrer Gegenwart nicht wehren dürfen, dann werden sie sich eben wehren, wenn Sie nicht da sind. Und das kann dann härter werden.

Ihr kleiner Boxer hat ja schon gelernt, daß er sich im Rudel friedlich verhalten muß. Er weiß, daß die anderen zurückbeißen und daß es daher auf jeden Fall besser ist, Keilereien zu meiden. Bringen Sie das jetzt nur, ganz ruhig und gelassen, auch noch Ihrem Kind bei.

Boxer sind, weil sie von ihrem Wesen eher ruhige, selbstbewußte Hunde sind, eigentlich sehr kinderfreundlich. Doch diese Eigenschaft ist keinem Hund angeboren. Die muß jeder Hund als Junghund erst einmal lernen. Und das kann er nur bei freundlichen Kindern und bei Eltern, die ihnen beibringen, daß ein Hund kein Stofftier ist: Nur bei hundefreundlichen Kindern wachsen kinderfreundliche Hunde auf.

„Mein Napf gehört mir!“

Machen Sie Ihrem Kind klar, daß der Freßnapf des Welpen absolut tabu ist: *Sie* erziehen den Welpen, und deshalb geben (oder nehmen) auch *Sie* ihm das Fressen, und sonst niemand. Ein Hundewelpe, der von Kindern gefüttert wird, lernt dadurch keinen Respekt vor ihnen. Für ihn sind Kinder „Welpen“, genauso wie er selber. Er lernt nur, daß er ihnen Eßbares aus der Hand nehmen kann. Und das kann dann wieder ganz schnell zu Streit und Geheule führen.

Der Hund braucht Ruhe

Auch sein Ruhe- und Schlafplatz muß für die Kinder tabu sein. Junge Boxer sind zwar sehr verspielt und unternehmungslustig, aber sie brauchen auch viel Schlaf. Und sie brauchen einen Ort, an den sie sich ungestört zurückziehen können. Im Hunderudel wird dieses Ruhebedürfnis immer respektiert. Achten Sie darauf, daß Ihre Kinder das ebenfalls tun.

Der Welpe und die Welt draußen

Nach 1 Woche der Eingewöhnung in die engere Umgebung beginnen die Erfahrungen mit der Welt draußen. Bringen Sie Ihren Kleinen dazu zuerst einmal zum Tierarzt.
Ist der Kleine gesund und durchgeimpft, braucht er jetzt soviel Außen-

Erst eingewöhnen, dann durchimpfen und dann raus in die weite Welt!

kontakt wie nur möglich. In der Zeit zwischen dem 2. und dem 4. Monat lernt ein Welpe seine Umwelt kennen. Und er lernt alles als freundlich und ungefährlich einzuschätzen, was ihm jetzt freundlich begegnet.

Wichtig:
Lassen Sie den Welpen jetzt seine Erfahrungen machen: mit Menschen, mit Autos, mit Radfahrern und Joggern, mit den Nachbarn, mit Nachbars Hühnern und mit den Pferden auf der Koppel. Und lassen Sie ihn vor allem soviel wie möglich mit Artgenossen Kontakt haben.

Begegnungen mit anderen Hunden

Angst um Ihren Kleinen brauchen Sie dabei nicht zu haben: Welpen genießen bei allen erwachsenen Hunden Narrenfreiheit. Kein normaler Hund würde einem Welpen je ein Härchen krümmen. Aber es gibt leider auch eine ganze Menge „unnormaler" Hunde. Fragen Sie also erst, ehe Sie Ihren Kleinen laufen lassen: Schlechte Erfahrungen in dieser wichtigen Zeit prägen sich ebenso fest ein wie gute.
Häufige Kontakte mit Artgenossen sind für einen Boxerwelpen sehr wichtig. Er darf ja schließlich auch nie den Umgang mit anderen Hunden verlernen, die Hundesprache. Ein erwachsener Boxer, der die Hundesprache nicht mehr kennt, der keine positiven Erfahrungen mit Artgenossen gemacht hat, der wird ganz schnell zum Raufer, und jeder Ausgang mit ihm wird eine Nervensache. Also: raus mit dem kleinen Boxer und hin zu den Dackelchen – auch wenn deren Halter vor Ihrem „großen" Kleinen erst einmal Angst haben.

Der Welpe und der Junghund

Ernährung

Da sitzt er nun erwartungsvoll vor Ihnen, Ihr kleiner Boxer, und sein viel zu großes Fell ist ihm schon wieder bis auf die Füße gerutscht. Doch keine Sorge, er ist ganz in Ordnung. Alles, was er braucht, ist viel Zuwendung, viel Schlaf und eine artgerechte Ernährung. Aber Sie können bei seinem Anblick gleich die erste Lektion jedes Boxerhalters lernen, die sagt: sich bloß nicht weichmachen lassen!

Mit der Welpenernährung legen Sie den Grundstein für ein gesundes Leben. Wer hier spart, muß später draufzahlen

Der Futterplan ist wichtig

Zunächst einmal halten Sie sich genau an den Futterplan, den Sie vom Züchter mitbekommen haben. Ihr Neuer ist durch seinen Orts- und Rudelwechsel genug gestreßt, muten Sie ihm jetzt nicht auch noch einen Futterwechsel und geänderte Zeiten zu. Wahrscheinlich wird er vor lauter Aufregung am ersten Tag leichten Durchfall haben. Aber das gibt sich innerhalb von 1 bis 2 Tagen, sonst fragen Sie Ihren Tierarzt.

Gewöhnen Sie Ihren Kleinen von Anfang an an feste Fütterungszeiten, auch dann, wenn der Züchter von der „freien Fütterung" ganz begeistert war. Die „freie Fütterung" bringt, auf

Dauer gesehen, nur Nachteile: In geheizten Räumen verdirbt das Futter auch im Winter sehr schnell, und verdorbenes Futter ist nichts für den noch sehr empfindlichen Welpenmagen. Außerdem ist das von Ihnen dargereichte Futter ein probates Erziehungsmittel, auf das Sie freiwillig nicht verzichten sollten: Nur regelmäßiges Fressen bringt auch eine regelmäßige Verdauung, und die ist die Grundvoraussetzung für die Erziehung zur Stubenreinheit. Und darüber hinaus lernt Ihr Kleiner so gleich von Anfang an, daß Sie es sind, der hier das Fressen verteilt, und daß es für ihn günstiger ist, sich mit Ihnen gut zu stellen.

Was füttern?

Hat sich Ihr Hundchen (mitsamt seinem Verdauungssystem) an Sie und seine neue Umgebung gewöhnt, können Sie ganz vorsichtig anfangen, die alten Rituale zu ändern. Aber bedenken Sie immer eines: Welpen brauchen Welpenkost, kein Erwachsenenfutter und schon überhaupt keine Essensreste vom Tisch. Menschliches Essen ist für Hunde viel zu salzhaltig, es würde den Welpen nur aufschwemmen, dick machen. Machen Sie ihm deshalb von Anfang an klar: Das ist dein Pott, das ist meiner – ich geh' nicht an dein Fressen, geh du nicht an meines. Ein Hund, der nie vom Tisch gefüttert wurde, der bettelt auch später nicht. Und setzen Sie diesen Grundsatz auch in Ihrer Familie und ebenso bei allen Bekannten durch.

Wichtig:
Knochen sollte ein kleiner Hund nie bekommen. Zum Nagen gibt es Hundekuchen oder Büffellederknochen, Stöcke oder alte Lederschuhe.

Stellen Sie Ihrem Hund immer frisches Wasser zur freien Verfügung. Sie brauchen auch Leckerlis zum Belohnen. Bonbons und Schokolade sind keine hundegerechten Extras. Aber gesunde Leckerlis gibt es in großer Auswahl zu kaufen.

Geben Sie Ihrem Kleinen gesunde, artgerechte Kost, verwöhnen Sie ihn nicht, drängen Sie ihm nichts auf. Und innerhalb weniger Monate wird er in sein viel zu großes Fell hineinpassen, als sei das maßgeschneidert.

Wieviel füttern?

Geben Sie dem Kleinen zu festgesetzten Zeiten immer so viel, wie er innerhalb von 5 Minuten auffrißt. Er wird sich schnell auf Mengen und

Futterplan für einen Boxerwelpen

	2–4 Monate	*4–6 Monate*	*6–8 Monate*	*8–10 Monate*
7 Uhr	Welpenflocken mit Vollmilch oder Quark mit Honig	wie vorher	langsam weglassen, 12 Uhr zuschlagen	
12 Uhr	Welpenkost aus der Dose oder aufgeweicht	wie vorher	wie vorher	langsam auf Erwachsenen-Kost umstellen
17 Uhr	wie 7 Uhr	langsam weglassen, 20 Uhr zuschlagen		
20 Uhr	wie 12 Uhr	wie vorher	wie vorher	langsam auf Erwachsenen-Kost umstellen

Das darf der Hund keinesfalls fressen	
rohes Schweinefleisch	Gefahr: Infektion mit Aujeszkyvirus
rohes Rindfleisch	Gefahr: Aujeszkyvirus und Rinderwahnsinn (?)
rohes Geflügelfleisch	Gefahr: Salmonelleninfektion
rohe Eier	Gefahr: Salmonelleninfektion
Vorsicht vor zuviel Knochen	Gefahr: Verstopfung, Darmverschluß

Zeiten einstellen. Und vergessen Sie die alte Bauernregel, die sagt: „Viel bringt viel." Unter dem noch viel zu weiten Fell sollen Muskeln, Sehnen und Knochen wachsen, keine Fettringe. Aber übertreiben Sie auch nicht in die andere Richtung: Dünn sein ist nicht gleichbedeutend mit gesund sein. Die Ernährung im ersten halben Jahr legt den Grundstein für die spätere Vitalität und Gesundheit Ihres Hundes. Mangelernährung kann genauso wie Überernährung zu irreparablen Schäden führen.

Haltung und Pflege

Boxer gehören wie die meisten groß werdenden Hunde zu den Spätentwicklern. Sie brauchen deshalb in der Zeit ihres Heranwachsens pflegliche Behandlung. Das heißt aber nicht, daß Sie Ihren Welpen immerzu auf dem Arm herumtragen müssen, es heißt nur, daß Sie ihm Zeit lassen müssen und ihn nicht überstrapazieren dürfen. Ein junger Hund braucht viel Schlaf und viel Bewegung, um Muskeln, Sehnen, um den ganzen Organismus zu trainieren, aber beides immer ausgewogen und angemessen.

Aufpassen bei körperlicher Belastung

Vorsichtig müssen Sie vor allem mit den Schultern Ihres Boxers sein. Werden sie zu einer Zeit, in der die dazugehörigen Muskeln noch nicht richtig ausgebildet sind, zu stark belastet, gelingt der „Schulterschluß" nie mehr richtig, das Ergebnis sind sogenannte lockere Schultern, Schmerzen und Behinderungen ein Leben lang. Und lassen Sie ihn nicht fünfmal täglich die Treppe hinunterhoppeln (treppauf ist für ihn viel einfacher, das macht er mit den Hinterbeinen). Gönnen Sie ihm so viel Bewegung, wie er mag. Aber vermeiden Sie alles, was ihn ermüdet, und verlangen Sie nichts, was er von sich aus nicht gerne tut.

Auch „Vorbilder" sind wichtig

Verzichten Sie in den ersten Monaten auch auf große Spaziergänge mit Ihrem jungen Boxer. Auch die muß er erst üben. Und heben Sie Ihr Kerlchen nie an den Vorderbeinen hoch.

Das Sozialverhalten trainieren

Das beste Training für einen jungen Hund ist das Spiel: Rangeln, hetzen, balgen, das sind seine Lieblingsbeschäftigungen. Dazu braucht er auch kein teures Spielzeug. Dazu braucht er nur einen Kumpan, dem das auch Spaß macht – und der nicht so arg empfindlich ist in bezug auf Kratzer, Flecken und Schmutz. Junge Boxer lernen in dieser Zeit, wie fest sie zugreifen *dürfen*. Sie müssen das lernen. Vergessen wir nie, Boxer waren „Saurüden", „Packer", sie können „zupacken", und genau deshalb müssen sie – zu ihrem eigenen Schutz – lernen, es *nicht* zu tun.

Unser Tip

Stellen Sie den Freß- und Trinknapf etwas erhöht auf, damit Ihr junger Boxer sich beim Fressen und Trinken nicht zu sehr bücken muß, denn das schadet seinen Schultern.

Die Beißhemmung gegenüber Menschen muß beim Boxer absolut sein

Wichtig:
Irgendwann, wenn Ihr Boxer etwa 7, 8, 9 Monate alt ist, werden Sie bemerken, daß Sie ihn nicht mehr so einfach im Spiel auf den Rücken werfen können. Hören Sie dann sofort und endgültig mit diesem Spiel auf. Der Kleine soll auf keinen Fall lernen, daß er, wenn er sich nur richtig einsetzt, stärker ist als Sie.

Körperpflege

Viel pflegen müssen Sie Ihren Boxer nicht. Für sein Fell reichen ein feuchter Schwamm und eine weiche Bürste. Baden sollte man Hunde sowieso nie oder nur ausnahmsweise. Viel besser als ein Shampoo-Vollbad ist ein Bad im sauberen Teich draußen. Boxer sind zwar an sich keine Wasserratten. Aber wenn's Spaß macht, Ihnen und ihm, ist er auch im nassen Element sofort bei der Sache.

Gesundheit

Hat ein junger Boxer genügend Ruhe zum Schlafen und Dösen, viel Spaß, sein Rudel, seine artgerechte Ernährung, reichlich Bewegung an der frischen Luft, wird er von ganz alleine zu einem kräftigen, gesunden Kerl heranwachsen.
Beim letzten Punkt darf man als Halter nur drei Einschränkungen nicht vergessen:
- Vorsicht bei heißem Wetter!
- Die Bewegung muß dem Alter und der Kondition des Hundes angepaßt sein.
- Nichts mit Gewalt!

Impfen nicht vergessen

Natürlich dürfen Sie die regelmäßigen Schutzimpfungen nicht vergessen. Lassen Sie sich gleich in der ersten Woche von Ihrem Tierarzt einen Impfplan aufstellen, und halten Sie sich daran. Und akzeptieren Sie, wenn Ihr Tierarzt Ihnen rät, diesen Plan zu erweitern.

Vorsicht vor Parasiten

Flöhe
Die kann sich ein junger Hund überall holen. Suchen Sie nach jedem Außenkontakt Ihren Boxer im Nacken – hier sitzen Flöhe am liebsten – ab, indem Sie einfach die Haare gegen den Strich streichen. Ertränken Sie die Flöhe sofort in einem Glas Wasser mit einem Tropfen Spülmittel. Versuchen Sie gar nicht erst, die Quälgeister mühsam zu knacken: So mancher Floh hat dieses Manöver genutzt und sich in der Sofaecke ein neues Heim eingerichtet.

Zecken
Für sie gilt dasselbe wie für Flöhe: am besten gleich suchen, packen und ab damit ins Spülwasser. Hat sich eine festgebissen, sollten Sie sie möglichst bald, aber ohne sie zu zerquetschen oder zu irritieren, herausdrehen. Ihren eventuell krank machenden Mageninhalt geben Zecken ab, wenn sie vollgesogen sind und loslassen oder aber – wenn man sie durch Luftentzug quält. Sehr praktische und sicher zu handhabende Zeckenzangen gibt es zu kaufen.

Hundefloh, vollgesogene Zecke

Herbstgrasmilben
Diese Parasiten kann sich Ihr Hund vor allem im Herbst nach langer Trockenheit auch auf dem gepflegten Hausrasen holen. Üblicherweise setzen sie sich an den Beinen, am Bauch und in den Achselhöhlen fest. Herbstgrasmilben erkennen Sie erst, wenn sie sich schon eingenistet haben, am verzweifelten Knabbern Ihres Hundes, am Fellausfall und an roten Punkten auf der Haut. Helfen kann hier nur der Tierarzt – und Regenwetter.

Würmer
Alle Würmer lieben junge Hunde. Aber Wurmbefall kann Wachstum und Gesundheit Ihres Kleinen enorm beeinträchtigen. Lassen Sie ihn also regelmäßig entwurmen, vor allem immer rechtzeitig vor den Impfungen. Würmer können das Immunsystem Ihres Hundes so belasten, daß letztlich alle Impfungen „für die Katz“ sind. Die regelmäßigen Entwurmungen dürfen Sie erst vergessen, wenn er 3 bis 4 Jahre alt und gesund ist.

Checkliste **Das müssen Sie tun, damit Ihr Boxer gesund bleibt**

Wenn Ihnen die Gesundheit Ihres kleinen Boxers am Herzen liegt, merken Sie sich folgendes:

- Lassen Sie ihn regelmäßig entwurmen, und halten Sie den Impfplan ein
- Geben Sie Ihrem Hund nie und nimmer rohes Fleisch oder rohe Eier. Selbst Trockenfleisch gegenüber sollten Sie mißtrauisch sein
- Lassen Sie ihn nie aus irgendwelchen Bächen trinken oder an frischen Feldsaaten knabbern, und meiden Sie beim Spaziergang Gegenden, in denen irgendwelche Köder (gegen Mäuse, Ratten, Füchse) ausgelegt sind
- Kaufen Sie ihm handelsübliches Hundefutter, das wird besser kontrolliert als alles Menschen-Essen
- Genießen Sie die Zeit mit Ihrem Hund: Spaß, Zuwendung und viel fröhlicher Kontakt, das sind für ihn die wichtigsten Lebensgrundlagen

Die Grunderziehung

Boxer sind Spätentwickler. Das hat Vor- und Nachteile: Zum einen braucht ihr Halter Geduld, Geduld, Geduld; schnelle, bleibende Erfolge kann er nicht erwarten. Zum anderen jedoch kann er sich bei der Erziehung Zeit lassen: Boxer lernen ihr Leben lang, es muß nicht gleich alles auf einmal sein.

Aber – und das kann man in jedem Hundebuch nachlesen: Es gibt Hunde, die sind leicht erziehbar (Schäferhunde, Jagdhunde), es gibt Hunde, die sind das nicht (Windhunde, Schlittenhunde), und es gibt Hunde, bei denen ist – wie es immer heißt – „eine konsequente Erziehung nötig". Zu dieser letzten Gruppe gehören unsere Boxer.

Ganz wichtig: die Konsequenz

Um zu verstehen, was Konsequenz bedeutet, sehen wir uns am besten kurz die „Erziehung" an, wie sie in einem natürlichen Boxerrudel (Mutter-Vater-Welpen) abläuft:
6 Wochen lang sind die Welpen „Nestlinge", versorgt und behütet von der Mutter. Dann stillt die Mutter sie ab und läßt sie, unter ihrer und des Vaters Aufsicht, die Welt kennenlernen. Bei diesem Kennenlernen werden den Welpen keine Grenzen gesetzt, sie dürfen tun und lassen, was sie wollen. Sie müssen nur eines lernen: Respekt vor den Großen. Und diesen Respekt bringen ihnen die erwachsenen Hunde sehr schnell und fast rabiat bei. Wenn einem von ihnen irgend etwas nicht paßt, dann greift er ein, sofort und ziemlich grob. Ist die Situation aber geklärt, hat sich der Kleine unterworfen oder ist er kreischend davongeflohen, dann wird nicht hinterhergejagt oder nachgekantet. Dann ist der Fall abgeschlossen, und das ganze Rudel geht wieder zum Spielen und Schmusen über.
Zwischen der 6. und der 12. Woche lernt also ein junger Hund, daß die „Alten" eigentlich immerzu absolut zuverlässig, freundlich und geduldig sind, daß man aber ihren Anordnungen sofort und ohne Widerspruch folgen muß, auch dann, wenn alles aus heiterstem Himmel kommt und für die Kleinen restlos unverständlich ist. Sind die Jungen etwa 12 Wochen alt, setzen die Alten noch eins drauf: Jetzt verlieren die Jungen ganz plötzlich ihre „Vorfahrt" beim Fressen. Von

Die erste Erzieherin ist die Mutter

jetzt an müssen sie lernen, Geduld zu haben und abzuwarten. Die Alten provozieren dabei häufig die Jungen geradezu und lassen sie scheinbar endlos warten, ehe sie das Fressen freigeben. Aber auch diese Lektion muß widerspruchslos und respektvoll gelernt werden.
Ein Boxerwelpe, der in einem natürlichen Hunderudel aufgewachsen ist, hat also mit 4 Monaten gelernt, daß er zu den Alten Vertrauen haben kann, daß das Leben im Rudel schön ist, daß man aber die Anweisungen der Alten unbedingt und sofort befolgen muß. Er hat „Respekt" gelernt. Und dieser Respekt den Alten, den Großen gegenüber schützt ihn vor Mißhelligkeiten und Angriffen später. Und er befähigt ihn, sich einem Rudel – als gleichfalls respektiertes Mitglied – einzuordnen.
„Mit Konsequenz erziehen" heißt also nicht, daß man als Boxerhalter seinem Rabauken den ganzen Tag lang mit steiler Stirnfalte hinterherlaufen muß und ihn von morgens bis abends zur Unterwerfung zwingt. Konsequenz hat mit Unterwerfung, mit Machtkämpfen nichts zu tun. Konsequenz heißt nur, daß ein bestimmtes Verhalten sofort Folgen hat. „Mit Konsequenz erziehen" bedeutet also: Falls man (man muß ja nicht) eine Anordnung gibt, dann muß man auch bereit und in der Lage sein, sie jetzt und sofort durchzusetzen. Hat man dazu – aus was für Gründen auch immer – keine Lust, oder aber – was jungen Boxern gegenüber viel häufiger ist – gar keine realistische Möglichkeit, dann sollte man eben – konsequenterweise – auf diese Anordnung verzichten. Im letzteren Fall sollte man sich so verhalten, wie Boxereltern das gegenüber ihren unfolgsamen Kindern tun: Sie tun so, als hätten sie diese Aufmüpfigkeit überhaupt nicht bemerkt, als hätten sie im Moment viel Wichtigeres vor, und wiederholen das Ganze, wenn die

Die „Alttiere" verlangen Respekt

Kleinen aufmerksam geworden sind, wenn sie selbst sichere Chancen haben, sich durchzusetzen.
Überhaupt nicht beachtet werden ist für einen kleinen Tunichtgut, der gerade eben mal die Großen so richtig schön provozieren wollte, fast noch schlimmer, als kurz mal eben einen über die Nase zu kriegen.

Unser Tip

Wenn Sie als Boxerhalter den Respekt und das Vertrauen Ihres Kleinen erringen und behalten wollen, benehmen Sie sich einfach wie ein zuverlässiges Elterntier: Seien Sie immer freundlich, tolerant und fürsorglich, aber setzen Sie sich – ab und zu – auch ganz konsequent durch.

Was Sie bei der Grunderziehung beachten sollten

Wir wissen: Boxer sind Spätentwickler. Doch sie werden sehr schnell sehr kräftig und sehr – dickköpfig. Deshalb ist es günstig, mit der Grundausbildung sofort, beim Welpen zu beginnen. Aber: immer langsam, immer eines nach dem anderen. Übertreiben Sie nichts, überfordern Sie Ihr Kerlchen nicht. Und bleiben Sie ruhig.

Wichtig:
Strafen nützt Ihnen gar nichts, Strafe blockiert nur das Lernen und verringert das Vertrauen, das Ihr Kleiner zu Ihnen hat und behalten soll.

Wenn Sie sich ärgern, schimpfen Sie nicht. Brechen Sie einfach das „Spiel“ ab – das ist für jeden Boxer die schlimmste Strafe, die es gibt. Erziehen Sie Ihren Boxer im Spiel, nicht mit Gewalt, nicht mit harten Tönen. Lernen funktioniert nur in ruhiger, gelassener Stimmung. Aufregung und Erschöpfung sind allem Lernen hinderlich. Üben Sie lieber fünfmal täglich 3 Minuten als einmal die Woche 15 Minuten. Und überlegen Sie sich vorher, welche Befehle Sie Ihrem Schüler beibringen wollen, und wie Sie sie benennen. Es ist ziemlich egal, ob Sie „Platz“, „Leg dich“ oder „Down“ sagen, Ihr Boxer versteht das am Anfang sowieso nicht. Aber wenn Sie mit „Platz“ angefangen haben, müssen Sie und die ganze Familie auch bei „Platz“ bleiben.
Ihr Hund achtet allerdings von Anfang an mehr auf Ihre Stimmung, Ihre Gesten, der Wortsinn erschließt sich ihm erst aus allem zusammen. Für das Lernen von Befehlen ist es deshalb ungemein wichtig, daß Sie

auch das denken, was Sie sagen: Sie können ihm nicht „Bleib da" beibringen, wenn Sie ihm gleichzeitig signalisieren: „Ach komm doch, ich würde dich so gerne mitnehmen". Seien Sie – auch wenn's manchmal schwerfällt – konsequent.

Das gehört zur Grunderziehung

Die folgenden Verhaltensweisen sollte Ihr Junghund innerhalb der ersten 4 Monate lernen:

Stubenreinheit

Ist Ihr Hund im Haus in einer Familie aufgewachsen, kann er das (fast) schon. Ansonsten haben Sie Geduld, und schimpfen Sie nie, sondern tragen Sie den Kleinen konsequent zu dem Platz, den Sie ihm zum Lösen ausgesucht haben.

Der Name und „Komm"

Rufen und locken Sie Ihren Neuling immer und immer wieder, und loben und liebeln Sie ihn, wenn er kommt. Zeigen Sie ihm nie, daß Sie vielleicht ärgerlich sind, weil Sie Ihrer Meinung nach viel zu lange warten mußten. Das Zu-Ihnen-Kommen muß für den Hund das schönste Spiel der Welt sein, und es muß immer Spaß machen. Ein kleiner Boxer, der ausgeschimpft wird, wenn er sich – nur Ihnen zuliebe und schweren Herzens – vom Mauseloch abgewandt hat und kommt, der wird sich beim nächsten Gerufenwerden noch viel mehr Zeit lassen: Nun weiß er ja, da wartet nichts Schönes.

Unser Tip

Laufen Sie Ihrem Hund nie hinterher, wenn Sie „Komm" gesagt haben. Er hält das nur für ein neues, lustiges Spiel und läßt sich nicht erwischen. Drehen Sie lieber den Spieß um: Laufen Sie weg. Sie werden staunen, wie schnell Ihr Kleiner bei Ihnen ist.

„Sitz“

Sich-auf-Befehl-Hinsetzen ist die einfachste Übung für einen kleinen Hund. Das tut er, weil er schnell müde Beine kriegt, eigentlich immer und von ganz allein. Sie müssen sich nur vor ihm aufbauen, „Sitz“ sagen und warten – und ihn dann natürlich loben und ihm ein Leckerchen geben. Pfiffige Boxer haben das in 1, 2 Tagen begriffen und drehen die Situation um: Sie bauen sich auf, machen „Sitz“ und verlangen ein Leckerchen.

„Sitz“ lernt jeder Welpe von selbst

Unser Tip

Seien Sie im Fall „Sitz“ mit den Belohnungen nicht ganz so zuverlässig und berechenbar wie bei allen anderen Befehlen vorher: Sie wollen ja den Hund erziehen, nicht er Sie.

„Platz“ und „Geh auf deinen Platz“

„Platz“ heißt, er soll sich hinlegen. „Geh auf deinen Platz“ sagt ihm, er soll auf sein Lager verschwinden. Beides ist schon etwas schwieriger. Aber er wird es lernen, wenn Sie jedesmal, wenn er genau das tut, den zugehörigen Befehl geben und ihn ganz kurz und leise von ferne loben (aber wirklich nur ganz kurz, sonst

„Platz“ ist eher langweilig

ist er vor lauter Wonne sofort wieder da). Mit der Zeit wird er automatisch sein Tun mit Ihren Worten verbinden und das Ganze umdrehen: Dann geht er auf seinen Platz, wenn Sie das sagen, und wartet dort, bis Sie ihn wieder abholen. Lassen Sie ihn nie zu lange warten, er ist ja noch jung.

„Fuß" und „Lauf"

Wenn Sie keinen Garten haben, müssen Sie das vom ersten Tag an üben. Sagen Sie „Fuß", und locken Sie den Kleinen zu sich, loben Sie ihn, und lassen Sie ihn bald wieder mit „Lauf" und einer auffordernden Handbewegung davonhoppeln.

„Bei Fuß"-Übung

Wichtig:
Dulden Sie von Anfang an kein Gezerre an der Leine.

Befehle für die Grunderziehung
„Aus", „Nein", „Pfui" – egal, was Sie sagen, Sie müssen das auch meinen
„Sitz" ist mit Leckerlis ganz einfach, üben Sie es auch ohne
„Komm" ist schon viel schwieriger, versuchen Sie's mit Versteckspielen
„Gib her" – setzen Sie sich durch, es kann für den Hund überlebenswichtig sein
„Steh" ist wichtig für die Körperpflege und den Tierarztbesuch
„Platz" oder **„Leg dich"** ist genauso schwierig wie „Komm", haben Sie Geduld
„Bleib da" hört kein Hund gerne, muß er aber trotzdem lernen

„Nein"

In den ersten Tagen ist „Nein", „Aus" oder „Pfui" sicher das Wort, das Sie am häufigsten gebrauchen müssen. Ihr Kerlchen wird nämlich bei jedem Stuhlbein einzeln fragen, ob da das Nagen erlaubt ist. Strapazieren Sie dieses Wort aber nicht über. Bieten Sie dem Welpen lieber etwas anderes an: „Nein! – Das da". Und machen Sie vor allen Dingen erst einmal Ihre Wohnung hundesicher: weg mit den Nippes und den kostbaren Bodenvasen, den Telefonkabeln, den elektrischen Leitungen und dem teuren Teppich, bis Ihr Kleiner endgültig stubenrein ist und das Zahnen hinter sich hat.

Wichtig:
Wenn Sie nein gesagt haben, müssen Sie auch nein meinen.

„Gib her"

Auf einen jungen, unternehmungslustigen Hund lauern überall mehr oder weniger lebensbedrohliche Gefahren. Sie müssen also Ihrem Kleinen schon möglichst früh beibringen, sich alles widerstandslos aus dem Maul nehmen zu lassen. Üben Sie es täglich mit einem Spielzeug, mit seinem Fressen. Legen Sie ihm die Hand über die Schnauze, sagen Sie: „Gib her!", lassen Sie ihn eine Weile warten, und – geben Sie es ihm mit viel Lob wieder zurück.

Der erwachsene Boxer

Ernährung

Mit etwa 1 Jahr hat der Boxer seine endgültige Schulterhöhe erreicht. Doch richtig ausgewachsen ist er erst mit etwa 3 Jahren.
Ein ausgewachsener Boxer ist ein guter Futterverwerter: Er frißt alles, aber er frißt viel, viel weniger als in seiner Wachstumsphase. Und gerade deshalb muß das, was er bekommt, natürlich ungedingt gesund und ausgewogen sein.

Ausgewogenheit ist wichtig

Essensreste vom menschlichen Tisch sind grundsätzlich keine artgerechte Hundenahrung. Sie sind immer zu salzig, zu würzig, zu süß. Sie schwemmen auf Dauer den Hund nur auf, machen dick und krank. Aber auch schieres Fleisch ist keine Hunde-Vollnahrung.

Wichtig:
Bedenken Sie bei der Futterzusammenstellung, daß Hunde keine reinen Fleischfresser sind, sie sind Allesfresser.

Wenn Sie für Ihren Boxer selbst kochen wollen, bereiten Sie ihm also ein Menü aus 1 Teil tierischem Fett, 2 Teilen Fleisch und 7 Teilen Getreide mit Gemüse zu. Besser und ausgewogener sind aber zweifellos die auf wissenschaftlicher Basis zusammengestellten Vollnahrungsmittel der Hundefutterhersteller.

Trockenfutter oder Feuchtfutter?

Beim Hundefutter können Sie wählen zwischen Trockenfutter im Sack und Feuchtfutter in der Dose.
Trockenfutter enthält pro 100 g etwa 360 kcal (= 1 500 kJ), aber nur 10 g

Trockenfutter: immer zur Hand

Wasser und mitunter – aus Haltbarkeitsgründen und/oder weil Antioxidantien ins Gerede gekommen sind – zuwenig essentielle Fettsäuren. Ihr Hund braucht also täglich 1 l Wasser extra und unter Umständen zusätzlich frische Fette.
Feuchtfutter dagegen enthält auf 100 g bis zu 75 g Wasser und nur etwa 100 kcal (= 416 kJ). Die Fettsäureversorgung ist gesichert. Aber Sie kaufen (und schleppen) das (ziemlich teure) Wasser immer mit, und Sie haben im Sommer und unterwegs das Problem mit den angebrauchten, geöffneten Dosen.

Wichtig:

Boxer, die nicht mehr wachsen, keine Hochleistungssportler sind und keine Jungen stillen, fressen nicht so viel, wie auf den Verpackungen für ihr Gewicht empfohlen wird. Und weil sie nicht so viel fressen, wie sie sollten, brauchen sie weiterhin ihre – wenn auch kleine – Sonderration an Mineralien und Vitaminen.

Unbedingt die Ruhepausen einhalten!

Weit wichtiger, überlebenswichtig ist aber die absolute Ruhepause, die jeder Hund nach jeder Mahlzeit braucht: Wie bei allen Hunden mit weitem Brustkorb kann sich auch bei Boxern der prall gefüllte, schwere Magen plötzlich verschieben und um die Längsachse drehen. Mageneingang und -ausgang wären dann verschlossen, und der Hund müßte unter Schmerzen innerhalb weniger Stunden sterben, wenn ihm nicht der Tierarzt gerade noch helfen kann. Achten Sie also darauf, daß Ihr Hund nach jedem Fressen (und auch wenn er viel getrunken hat) nicht gleich wieder ins Toben kommt. Verhindern Sie vor allem fröhliche Sprünge die Treppen hinunter.

Um die Magendrehung zu verhindern, sollten Sie die übliche große Mahlzeit auf zwei kleinere verteilen

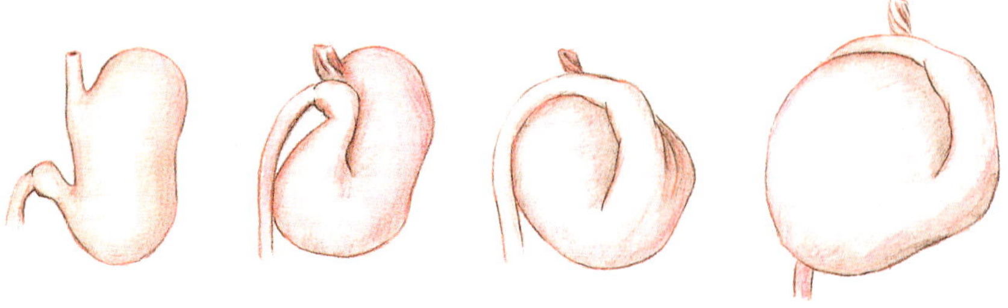

Boxer klauen gern

Daß ein Hund nichts vom Tisch bekommt, hat Ihr Boxer ja (hoffentlich) gelernt. Er wird also nicht betteln. Aber er wird klauen. Glauben Sie den „klugen Leuten“ nicht, die behaupten, man könne jedem Hund ganz schnell das Klauen abgewöhnen: Ein Boxer, der einmal „Erfolg“ gehabt hat, wird diesen Erfolg immer wieder suchen – mit Ausdauer, Schlitzohrigkeit und Nervenstärke. Lassen Sie also nichts (noch) Freßbares unbeaufsichtigt, und verwahren Sie Ihren Müll boxersicher. Ein Boxer, der sich heute den Magen vollgeschlagen hat, wird morgen nichts fressen. Das ist zwar – eigentlich – sehr vernünftig und gesund. Es kommt eben nur darauf an, was er gefressen hat.

Die Tobestunde ist wichtig, nicht nur für Muskeln und Sehnen, sondern auch für Herz und Kreislauf

Haltung und Pflege

Spaziergang und Tobestunde

Boxer sind keine Dauerläufer und keine Aktivitätsnudeln. Aber mindestens einmal am Tag die Welt da draußen erkunden, alle Hundenachrichten an den Straßenecken „lesen“ und die eigenen Botschaften darüberschreiben, das wollen sie auch. Und wer sagt, daß nur die Rüden markieren, ist einem Gerücht aufgesessen: Boxerweibchen tun es auch, manchmal sogar mit leicht angehobenem Bein. Lassen Sie Ihrem Hund Zeit dafür. Genauso wichtig oder fast noch wichtiger als das tägliche Nachrichtenlesen und -schreiben ist aber die tägliche Tobestunde. Diese Tobestunde muß keine Stunde dauern, sie kann sich auch aus zweimal täglich 10 Minuten zusammensetzen, sie muß dem Hund nur die Gelegenheit bieten, sich so richtig nach Herzenslust auszutoben. Für diese Tobestunde muß man sich aber als Boxerhalter schon etwas einfallen lassen, und man muß auch ein bißchen hart im Nehmen sein. Einem Ball oder einem Stöckchen hinterherhetzen, das offensichtlich niemand haben will (warum wohl werfen Sie es sonst weg?), das finden Boxer auf Dauer ausgesprochen langweilig. Sie wollen rangeln, „boxen".

Boxerspiele sind voller Körpereinsatz und ziemlich grob. Wer Angst vor blauen Flecken hat, sollte sich lieber rechtzeitig nach einem geeigneten Spielkumpan umsehen. Doch auch wer diese Angst nicht hat, muß achtgeben: Ein „Boxerkuß", der spielerisch vorgetragene Scheinangriff auf die „Schnauze", kann ganz schön weh tun. Und außerdem geraten Boxer beim Toben schnell außer Rand und Band, dann muß man sie – ganz ohne Aggression und Dominanzgetue – wieder unter Kontrolle bekommen.

Unser Tip

Gönnen Sie Ihrem Boxer unbedingt mindestens einmal am Tag eine Tobestunde. Er wird es Ihnen mit vermehrter Vitalität, Lebensfreude und Anhänglichkeit danken.

Körperpflege

Boxer sind pflegeleichte Hunde. Aber sie haaren auch. Und diese Haare setzen sich wie kleine Nadeln überall fest, im Teppichboden, in der Couchdecke, selbst in Ihren Strümpfen. Sorgen Sie deshalb – im eigenen Interesse – von Anfang an dafür, daß Ihr Hund auf *seinem* Platz immer *seine* Decke liegen hat. Und lassen Sie ihn auch erst ins Auto, wenn Sie seinen Platz dort abgedeckt haben.

Zur Pflege reicht ein feuchtes Tuch

Gesundheit

Ein erwachsener Boxer, der liebevoll aufgezogen wurde, der seine artgerechte Ernährung, seine Tobestunden, seine Ruhepausen, seine Streicheleinheiten, seinen guten Kontakt zu seinem Rudel hat, ist in der Regel ein gesunder Hund. Worauf Sie achten müssen, ist das, worauf Sie bei jedem Hund achten müssen:

- Sie müssen die Impftermine beim Tierarzt einhalten.
- Sie müssen auf mögliche Parasiten (Flöhe, Zecken usw.) achten.
- Sie dürfen die Ruhepausen nach dem Fressen nicht vergessen.
- Und Sie müssen sich ab und zu um seine Ohren kümmern: Im natürlichen Hunderudel hält jeder jedem die Ohren sauber. Im Mensch-Hund-Rudel muß der Mensch diese Aufgabe übernehmen. Dasselbe gilt für die Augen und die Boxerfalten im Gesicht.

Worauf Sie bei Ihrem Boxer auch in seinen besten Jahren immer achten müssen, ist seine relative Hitzeempfindlichkeit. Sie wissen ja, Hunde können nicht schwitzen. Wenn es ihnen zu heiß wird, müssen sie über Zunge und Rachenraum hecheln. Unsere Boxer mit ihrer kurzen Schnauze sind da aber ziemlich benachteiligt. Vermeiden Sie also größere Unternehmungen, sobald das Thermometer über 25° klettert. Boxer sind eigentlich sehr „vernünftige“ Hunde. Sie lieben die Sonne im Winter und den Schatten im Sommer.

Checkliste ***Pflegeutensilien***

- eine nicht zu weiche, dicke Matratze (Vorsicht: Liegeschwielen)
- eine weiche Bürste, ein Schwamm oder Lappen zum Saubermachen und um lockere Haare abzuwischen
- eine Zeckenzange (gibt es in Apotheken und Zoofachgeschäften)
- ein bißchen Jod oder aseptischen Puder. Verbandsmaterial können Sie sich beim Boxer sparen: Verbände hat er sowieso schneller abgemacht, als Sie Ihren Notarztkoffer wieder verstaut haben.

Zeckenzangen gibt es im Zoohandel oder in der Apotheke

Aber wenn irgend etwas los ist, dann wollen sie dabeisein, und dann nehmen sie auch keine Rücksicht auf sich selbst. Seien Sie – zu seinem Schutz – vernünftig. Verzichten Sie auf Spaziergänge und Hundesport in der Mittagszeit. Lassen Sie Ihren Boxer **nie** im Sommer im Auto auf Sie warten. Lassen Sie ihn, wenn's heiß werden könnte, lieber zu Hause: Ein vorübergehend trauriger Boxer ist doch allemal besser als ein am Hitzschlag gestorbener.

Unser Tip

Da gegen Boxerhaare kein Staubsauger und kein Teppichklopfer hilft, befreien Sie den Hund ab und zu mit einem feuchten Lappen von losen Haaren, ehe die ausfallen und sich irgendwo festsetzen.

Was Ihr Boxer dringend braucht, ist eine Matratze von mindestens 10 cm Dicke. Auf hartem Boden holt er sich leicht „Liegeschwielen" an den Gelenken, die sich entzünden und schlimm werden können.

Kluge Boxer meiden zuviel Sonne

Die Hüftgelenksdysplasie (= HD)

Die HD ist eine Erbkrankheit, die bei allen Hunden vorkommt, auch bei kleinen und bei Mischlingen. Bei großen, kräftigen Hunden wie Boxern ist sie nur in ihren Auswirkungen gravierender, einfach deshalb, weil man ja einen Boxer nicht wie einen Dackel immerzu treppauf, treppab tragen kann. Die Zuchtvereine versuchen, durch Zuchtauslese diese Erbkrankheit zu bekämpfen, bisher aber leider ohne wirklich durchschlagende Erfolge.

Wichtig:

Gegen HD gibt es keine Therapie. Aber man kann, wenn man rechtzeitig Bescheid weiß, den Verlauf dieser Krankheit beeinflussen.
Folgendes ist bei einem HD-belasteten Hund zu beachten:

◆ Er *darf* zu keiner Leistung gezwungen werden.

◆ Er *muß* sich soviel wie nur möglich frei bewegen können, damit er seine Muskeln trainieren kann, die die kranken Gelenke entlasten.

◆ Er *sollte* ein fröhliches Leben führen können. Lebensfreude ist die wichtigste Vorsorge gegen Entzündungen, die die mißgebildeten Gelenke sonst ganz schnell ganz unbelastbar machen.

Schonen Sie die Schultern des Junghundes so lange, bis er Ihnen zeigt, daß diese „Schonzeit" vorbei ist

Unser Tip

Ist Ihr Boxer 12 bis 18 Monate alt, sollten Sie ihn auf Hüftgelenksdysplasie (= HD) röntgen lassen. Zwar kann kein Arzt dieser Welt HD heilen. Aber Sie als Halter können darauf achten, daß sich diese schleichende Erbkrankheit nicht allzu schnell verschlimmert.

Die Erziehung

Wenn Sie Ihrem Junghund – mit Geduld und Konsequenz – die Grundbegriffe der Erziehung beigebracht haben, haben Sie mit Ihrem erwachsenen Boxer keine Probleme mehr. Ein gut erzogener Jungboxer wird fast von allein ein gut erzogener Großer. Wenn allerdings Ihr Rüde zum ersten Mal das Bein hebt, die Hündin zum ersten Mal läufig wird, dann werden Sie erleben, daß Ihr bis dahin so anpassungsbereiter Junghund plötzlich aufmüpfig wird und immer wieder neu Ihre Autorität in Frage stellt. Nehmen Sie das gelassen. Das geht vorbei. Verlassen Sie sich auf Ihre erfolgreiche Grundausbildung, die wird sich wieder durchsetzen.

Der Hund wird erwachsen

In einem **natürlichen Hunderudel** gibt es zwar keine Rangordnung wie im Wolfsrudel von Alpha bis Omega. Aber es gibt „Klassen“: Es gibt die **Junghunde,** die nichts müssen und alles dürfen, solange sie die Alten respektieren. Es gibt die erwachsenen **Helfer,** die bestimmte Aufgabenbereiche selbständig übernehmen, sich aber ins Gesamtrudel einpassen. Und es gibt die **Alttiere,** die die Verantwortung für alles tragen und sagen, wo's langgeht.

„Alttier“-Sein im Hunderudel ist keine Frage der Körperkraft, sondern eine Vertrauensfrage. Und diese Vertrauensfrage wird von aufmerksamen Helfern täglich neu gestellt. Alttier im Rudel ist in der Praxis meist die älteste Hündin, die alle Helfer und Junghunde aufgezogen hat und damit ihre Durchsetzungsfähigkeit und Zuverläs-

sigkeit schon unter Beweis gestellt hat. Und ihr zur Seite steht der von ihr ernannte „erste Helfer“, der im natürlichen Hunderudel auch zumeist der Vater ihrer Kinder ist.
Wenn nun die Junghunde langsam erwachsen werden, möchten sie auch als Erwachsene behandelt werden. Kluge Alttiere wissen das, sie reagieren auf die Aufmüpfigkeiten der Jungen mit Gelassenheit. Sie weisen ihnen Aufgaben zu und erheben sie damit in den Status des nützlichen und vom Rudel respektierten Helfers. Machen Sie das mit Ihrem Junghund auch so. Bleiben Sie das gelassene Alttier. Übersehen Sie seinen jugendlichen Größenwahn, loben Sie ihn, wenn er sich „kooperativ“, d.h.: nützlich für das Rudel, benimmt. Doch setzen Sie sich ab und zu ganz deutlich, aber ohne Aggressionen, durch. Es gibt immer noch „Experten“, die behaupten, Hunde könnten nur mit angeborenen Reaktionen auf vorgegebene Reize reagieren, sie könnten nicht „denken“. Fallen Sie auf solche Aussagen nicht herein. Die Botschaft, die hier übermittelt wird, heißt: Hunde sollen nicht denken, sie sollen gehorchen. Doch Boxer (zumindest die) können denken, Schlüsse ziehen, lügen, Theater spielen, Ihren ganzen Erziehungsplan auf den Kopf stellen.
Boxer sind Hunde, klar, aber „dumme Hunde“ sind sie nicht. Lassen Sie sich also von dem Schlitzohr an Ihrer Seite nicht vorführen.

Boxer brauchen Anerkennung

Sie werden bei der Erziehung Ihres Boxers noch eine andere Schwierigkeit überwinden müssen: Boxer sind „harte“ Hunde. Man unterscheidet zwischen „harten“ und „weichen“ Hunden.

- „Weiche“ Hunde sind leicht beeindruckbar, merken sich schlechte Erfahrungen schnell und dauerhaft und meiden solche Situationen dann in Zukunft.

◆ Einen „harten“ Hund dagegen halten schlechte Erfahrungen, Schmerzen nicht von der Wiederholung seiner Aktion ab. Ganz im Gegenteil. Boxer, diese ehemaligen Packhunde für wehrhaftes Wild, sind „harte“ Hunde, sie mußten das sein. Und sie haben diese Eigenart bis heute nicht verloren.

Wichtige Konsequenz:
Boxer kann man nicht mit Härte oder Gewalt unterwerfen. Wer ihnen so kommt, fordert nur ihre Gegenwehr heraus. Boxer wollen anerkannt sein. Ernennen Sie Ihren Boxer also zum anerkannten „Helfer“. Und bleiben Sie sein „Alttier“, das die Übersicht hat und die Verantwortung trägt.

Spezialausbildung

Ein so erzogener Boxer kann alles lernen: er kann
- Fährtenhund
- Suchhund
- Rettungshund
- Begleithund

werden.

Die Erziehung und Ausbildung Ihres Boxers kann Ihnen allerdings kein noch so hoch gelobter Experte abnehmen.

Wichtig:
Ein Boxer paßt sich als „Helfer“ nur dem an, der von ihm als zuverlässiges „Alttier“ anerkannt und respektiert wird. Diese Anerkennung und diesen

Boxer sind auch ohne Schutzhundausbildung Schutzhunde. Lassen Sie ihn lieber „Fährtenhund“ lernen

Respekt müssen Sie sich im alltäglichen Umgang mit dem Hund selbst verdienen, das können Sie sich für Geld nirgends kaufen.
Erziehen Sie Ihren Boxer, mit Geduld, Freundlichkeit und Konsequenz, und Tag für Tag neu. Boxer sind gerne die nützlichen Helfer von zuverlässigen Alttieren.

Unser Tip

Auf eine Schutzhund-Ausbildung sollten Sie, falls Sie nicht im Verein züchten wollen, lieber verzichten. Boxer können fassen und stellen. Sie sollten lieber lernen, sich in der Beziehung etwas zurückzuhalten.

Selbständige Arbeit und dafür ganz viel Lob, das macht allen Boxern Spaß, dafür strengen sie sich an

Der erwachsene Boxer und die Kinder

Boxer sind – eigentlich – die idealen Kinder- und Familienhunde. Ihre Geduld und Freundlichkeit Kindern gegenüber ist fast schon sprichwörtlich. Doch hin und wieder kann es zu gefährlichen Mißverständnissen kommen, zu Mißverständnissen, die sich aus nicht geklärten Beziehungen ergeben. Die sogenannten Experten heben dann immer drohend den Finger und sagen: „Das kommt davon, daß man dem Hund nicht rechtzeitig seinen Rang im Familienrudel klargemacht hat. Ein Hund," so sagen sie, „steht in dieser Rangordnung immer an allerletzter Stelle, weit hinter den

Kindern." Doch solche Aussagen sind lebensgefährlich – für die Kinder.

Wichtig:
Im gemischten Mensch-Hund-Rudel sind (üblicherweise, aber nicht immer) die erwachsenen Menschen die „Alttiere": Sie haben den Junghund aufgezogen. Sie haben ihm seine Rolle als Helfer zugesprochen. Sie müssen nun, als Gegenleistung für seine Hilfsbereitschaft, darauf achten, daß niemand ihm diese Rolle streitig macht – auch kein noch so geliebtes Kind der Familie.

Auch wenn's lustig aussieht: Boxer gehören nicht in Kinderhände!

Kinder sind die „Jungtiere des Rudels"

Kinder, die im Familienverband ja üblicherweise weder Verantwortung tragen noch besondere Pflichten zu erfüllen haben und von ihren Eltern noch als Kinder behandelt werden, kann kein normaler, erwachsener Hund als „Alttiere" akzeptieren. Kinder sind für jeden normalen Hund „Jungtiere". Jungtiere aber werden von jedem Helfer beschützt, sie haben Narrenfreiheit, sie dürfen alles – solange sie sich wie Jungtiere benehmen und den Helfer als Beschützer akzeptieren, solange sie nicht versuchen, die Rollen zu tauschen.
Kluge Alttiere (= Eltern) wissen das. Sie erziehen ihren Hund zum zuverlässigen Helfer, der auf die Jungtiere des Rudels Rücksicht nimmt, sie beschützt und begleitet. Und sie erziehen ihre Kinder dazu, vor dem Hund Respekt zu haben, seinen Schlafplatz, seinen Freßplatz zu achten, seine Stimmungen zu respektieren. Tun sie es nicht, wird sich irgendwann der Hund – auf Hundeart – Respekt verschaffen. Und das kann für alle Beteiligten schlimm enden. Ein Kind aber, das vor einem erwachsenen Boxer Respekt hat und sich von ihm beschützen läßt, dem kann eigentlich gar nichts mehr passieren.

Der Alltag mit dem Boxer

Verhalten gegenüber Fremden

Ein gut erzogener Boxer paßt sich überall an. Aber er ist – ganz ohne daß das irgend jemand mit ihm üben mußte – ein selbstbewußter Schutzhund: Ab der Pubertät unterscheidet er selber zwischen Gut und Böse. Und seine Zuordnungen müssen nicht immer mit Ihren übereinstimmen. Hunde nehmen an Fremden oft in Sekundenschnelle irgend etwas wahr, was wir Menschen erst bei näherem Kennenlernen sehen. Wenn Ihr Boxer also jemanden offensichtlich nicht mag, dann schimpfen Sie nicht. Sagen Sie ihm, daß Sie seine Warnung verstanden haben. Und passen Sie auf.

Boxer sind, was ihr Ja oder Nein in bezug auf Fremde angeht, absolut unbestechlich. Sie können durchaus die als Bestechungsversuch dargereichte Wurst annehmen und trotzdem weiter drohen. Akzeptieren Sie die Vorlieben und Abneigungen Ihres Hundes als Hilfe für Ihre eigene Orientierung. In den meisten Fällen hat er ja recht.

Boxer sind sehr selbstbewußte, freundliche Hunde und legen sich so schnell mit niemandem an. Aber sie verlangen, selber respektiert zu werden. Kommt ihnen irgend jemand quer, macht irgendwer ihr Rudel an, dann können sie in Sekundenbruchteilen von absoluter Ruhe in absoluten Angriff umschalten. Und dabei können Sie als Halter dann schnell ziemlich alt aussehen.

Unser Tip

Seien Sie vorsichtig, wenn Ihr Boxer jemanden ins Herz geschlossen hat: Nicht jeder mag es, wenn ihm ein 30-kg-Kerl auf dem Schoß sitzt und ihm die Nase lecken will. Und seien Sie besonders vorsichtig, wenn Sie aggressiven Leuten oder Hunden begegnen.

Im Zorn sind Boxer unerbittlich. Da hilft dann auch kein Brüllen, kein Eimer Wasser, kein Schlagen. Da müssen Sie als Halter dann mitten hinein ins Getümmel, da müssen Sie genauso schnell, hart und schmerzunempfindlich sein wie Ihr Hund. Sich in einen Boxerkampf einmischen zu müssen ist keine Sache für zartbesaitete Seelen. Besser ist es vorzubeugen: Gehen Sie brisanten Situationen lieber aus dem Wege, drehen Sie auf dem Absatz um, und laufen Sie fröhlich und Ihren Hund lockend in die andere Richtung. Ein Boxerhalter, der Auseinandersetzungen vermeidet, ist nicht feige, er ist klug.

Ein wohlerzogener Boxer ist überall ein idealer Reisegefährte

Wenn Sie auf Reisen gehen

Ein gut erzogener und an seine Umwelt gewöhnter Boxer ist ein idealer Familien-, Kinder- und Begleithund, der sich überall anpaßt und den Sie überallhin mitnehmen können.
Sie müssen nur – wirklich und ernsthaft – mit ihm die Leinenführigkeit geübt haben. Technische „Geräte" (Stachelhalsband, Würger, Halti usw.) helfen Ihnen beim Boxer überhaupt nichts: Boxer sind „harte" Hunde, Schmerzen und Gegenwehr übersehen sie einfach.
Und dann dürfen Sie natürlich seine Hitzeempfindlichkeit nie vergessen. Das kann, wenn Sie auf Ihren Urlaub im sonnigen Süden nicht verzichten wollen, zu Problemen führen. Mitnehmen können Sie den Hund dahin nicht, Sie müssen ihn – wohl oder übel – zu Hause lassen. Aber – Boxer sind sehr anhängliche Hunde, man kann sie nicht einfach von ihrem Rudel trennen. Plötzlich irgendwo in einem fremden Zwinger allein gelassen, verwahrlosen sie sehr schnell. Und Sie haben dann nach dem Urlaub das Problem, Ihren abgemagerten oder scheuen Hund wieder aufzupäppeln und sein angeknackstes Vertrauen zu Ihnen wieder aufzubauen.

Wenn Sie schon ohne Hund verreisen wollen oder auch müssen, so ist es besser, Sie besorgen sich einen Hundesitter, den der Hund kennt, und lassen beide in der heimischen Umgebung.

Unser Tip

Am allerbesten ist es natürlich, Sie suchen sich ein Ziel, wohin Sie Ihren Boxer mitnehmen können. Aber dann fahren Sie nachts, nicht in der Mittagshitze. Und stellen Sie vorher klar, ob ein Boxer auch dort, wo Sie hinwollen, erlaubt ist.

Sexualität

Zu keinem Thema kursieren so viele Unwahrheiten und Vorurteile wie zur Sexualität der Hunde. Listen wir hier einmal alle Ammenmärchen kurz auf:

- Ammenmärchen Nr. 1: „Ein Hund, der ‚aufreitet', ist sexuell nicht ausgelastet und sollte dringend einmal ‚richtig' aktiv sein dürfen."

Richtig ist: „Aufreiten" ist unter Hunden, falls es sich nicht auf eine hochläufige Hündin bezieht, eine Dominanzgeste. Wenn Ihr Hund solche Anwandlungen zeigt, zeigt er nur, daß er sich als „Chef" empfindet.

Verbitten Sie sich das. Und verändern Sie Ihre Erziehung. Übrigens: „Aufreiten" ist kein männliches Privileg, das machen Hündinnen auch.

- Ammenmärchen Nr. 2: „Kastration macht Rüden umgänglicher und ist gut gegen das Streunen."

Richtig ist: Kastration zeigt nur dann positive Auswirkungen, wenn man sie durchführen läßt, ehe der Rüde an seinen männlichen Aktivitäten Gefallen gefunden hat. Spätere Kastration hat nur zur Folge, daß er erstens nicht mehr decken kann und zweitens leicht dick wird.

- Ammenmärchen Nr. 3: „Die Läufigkeiten einer Hündin sind gesund. Wer da eingreift, erhöht nur ihr Krebsrisiko."

Richtig ist: Je häufiger eine Hündin läufig ist (mit womöglich noch nachfolgender Scheinträchtigkeit), desto größer ist ihr Risiko, an Gebärmutterkrebs oder ähnlichem zu erkranken.

Wer seine Hündin liebt, der sorgt also dafür, daß sie nicht immer wieder läufig und scheinträchtig wird. Die „Pille“ für Hündinnen besteht aus Gestagenhormonen, die in der Medizin als Mittel gegen Gebärmutterkrebs benutzt werden, sie kann also nicht Verursacher dieser Krankheiten sein.

Ammenmärchen Nr. 4: „Eine Totalkastration ist auf jeden Fall ‚gesünder‘ als die ‚Pille‘.“

Richtig ist: Die Kastration hat häufig Dauerfolgen: Harnträufeln, Hautprobleme, Haarprobleme. Gegen diese Probleme gehen Tierärzte dann mit Östrogenen an, die die Hündin auf Dauer viel schlechter verträgt als Gestagene. Die „Pille“ hat nur einen „Nachteil“: Man muß mit dem Tierarzt einen „Impfplan“ aufstellen. Und an diesen Impfplan *muß* man sich halten.

Ammenmärchen Nr. 5: „Eine Hündin sollte auch einmal ‚ihren Spaß‘ haben, man kann dann ja immer noch ‚abtreiben‘.“

Richtig ist: Die „Abtreibung“ besteht darin, daß man der Hündin bei abklingender Läufigkeit hohe Dosen von Gestagenen spritzt. Und das ist eigentlich ein absoluter ärztlicher Kunstfehler. Das hat dann Gebärmutterentzündungen zur Folge, die nur mit Totalkastration (die entsprechende Folgen hat) zu beheben sind. Warum also nicht gleich die (zur medizinisch richtigen Zeit harmlose) „Pille“?

Ammenmärchen Nr. 6: „Jede Hündin sollte einmal im Leben geworfen haben.“

Richtig ist: Austragen, werfen, aufziehen sind kein Kinderspiel, sondern eine anstrengende Arbeit, die man

seiner Hündin lieber ersparen sollte. Außerdem: Es gibt schon viel zu viele schlecht versorgte Hunde hierzulande. Wenn Sie kein im Verein organisierter Züchter sind, lassen Sie die „Züchterei". Sie tun weder sich noch Ihrer Hündin, noch den Welpen damit einen Gefallen.

Sollte es aber nun doch „passiert" sein, dann übernehmen Sie auch die Verantwortung: Kümmern Sie sich sofort um Abnehmer (die Schwangerschaft dauert nur 63 Tage, die Aufzucht noch einmal so lange), benachrichtigen Sie den Tierarzt, und vertrauen Sie der Hündin. Aber geben Sie Ihre Welpen nicht für einen Apfel und ein Ei ab. Prüfen Sie die neuen Halter. Und wenn Sie keine zuverlässigen Käufer finden, melden Sie Ihre Kleinen lieber dem nächsten Tierheim. Dort wird man Ihnen helfen.

Ammenmärchen Nr. 7: „Hunde kennen keine Bindungen und treiben es mit jedem."

Richtig ist: In einem natürlichen Hunderudel hat alles seine Ordnung. Hündin und Rüde lernen sich kennen, sie sind sehr lange „verlobt", ehe sie (vielleicht einmal) „heiraten" und Kinder kriegen. In einem natürlichen Hunderudel ist für alles gesorgt: für die Ernährung, die Welpenaufzucht, die Sexualität. In einem

natürlichen Hunderudel gibt es kein „Fremdgehen", darauf achten die Alttiere. Wenn Hunde in unserer Gemeinschaft zum Fremdgehen neigen, dann liegt das nicht daran, daß ihr Instinktverhalten „verkümmert" ist. Dann liegt das daran, daß wir unseren Hunden kein Rudelleben, keine dauerhaften Freundschaften unter Artgenossen beiderlei Geschlechts erlauben. Wer seinem Rüden das Streunen, seiner Hündin die Beliebigkeit abgewöhnen will, der muß ihm beziehungsweise ihr nur ermöglichen, feste Beziehungen aufzunehmen. Hunde leben gerne in festen Beziehungen – man muß es ihnen nur erlauben.

Der alte Boxer

Das Problem der Kurzlebigkeit

Nichts ist so liebenswert wie ein alter Boxer: Mit traumwandlerischer Sicherheit füllt er seine Rolle als nützlicher Helfer des „Rudels“ aus. Es gibt keine Mißverständnisse mehr, kein Dominanzgerangel, keine Schrecksekunden für den Halter. Hund und Mensch sind ein eingespieltes Team. Jeder kann sich auf den anderen absolut verlassen und tut das auch.
Aber: Boxer sind keine langlebigen Hunde. Schon mit 8 Jahren beginnen sie oft kaum sichtbar zu altern. Und jedes Jahr, das über den 10. Geburtstag hinausgeht, ist ein Geschenk, für das der Halter dankbar sein sollte.
Warum sind Boxer so relativ kurzlebig? Läßt ihr unbändiges Temperament sie einfach früh verbraucht sein ? Oder ist vielleicht doch etwas in der Zucht schiefgelaufen, so daß ihre Vitalität im Alter negativ beeinflußt wird?

Nichts ist schöner als ein alter Boxer!

Zusammenhang zwischen Erbfehlern und verkürzter Lebenserwartung

Wir können uns bei der Beantwortung dieser Fragen an offiziell bekannte Fakten halten: Angeborene Erbfehler wie Hasenscharten, Hodenfehler sind bei Boxern – leider – relativ häufig. W. Weisse behauptet sogar, 17% aller Boxer würden mit „deformierter Rute“ geboren, was nur des-

halb kein Thema sei, weil die Welpen ja im Alter von 2 Tagen kupiert würden. Und er nennt das angekündigte Kupierverbot für Schwänze „einen Schwachsinn“, den man verhindern müsse, weil dann viele Boxer nur wegen eines „ästhetischen Aspekts“ aus der Zucht genommen werden müssen.
Aber – „Schwanzdeformationen“ sind kein rein „ästhetischer Aspekt“.

Das Problem des Boxerschwanzes

Der Hundeschwanz ist kein unabhängiges Körperglied, er ist ein integrierter Teil der Wirbelsäule. Angeborene Schwanzdeformationen („Stummelschwanz-Syndrom“) gehen immer mit anderen vitalen Störungen einher: mit Deformationen des Kopfes (Spaltrachen, Hasenscharten), der Wirbelsäule (Spondilose, Spina bifida), der Sexualorgane (Mon- oder Kryptorchis), mit einer allgemeinen Schwächung der Vitalität. Angeborene Schwanzdeformation ist ein letaler (= auf Dauer tödlich wirkender) Erbfaktor. Die Züchter stummelschwänziger Rassen wissen das: Sie züchten mit solchen Hunden nicht.
Und insofern kann man sich als Boxerfreund von einem Verbot des Schwanzkupierens nur Vorteile versprechen: Das Thema käme endlich auf den Tisch, Zusammenhänge würden sichtbar, negative Vererber ausgeschlossen. Die Boxer bekämen – nach ihren natürlichen Ohren – endlich auch einen natürlichen, aber gesunden Schwanz, einen, der nicht immerzu von Nekrosen (darunter versteht man den örtlichen Gewebstod) bedroht ist, die dann wieder lediglich durch eine Notamputation „geheilt“ werden können.
Ich weiß, alle Züchter haben eine tiefverwurzelte Abneigung dagegen, das Pferd (sprich: den Boxer) „vom Schwanz her aufzuzäumen“. Aber vielleicht sollten sie doch einmal damit beginnen: Ein normaler, gesunder Hund hat einen normalen, gesunden Schwanz. Die Boxerhalter, die, die mit den Hunden leben und sie lieben, die wären für jede (noch so kleine) Verbesserung der Lebenserwartung dankbar.

Ernährung

Ob ein Boxer „alt“ wird oder nicht, das entscheidet sich in seinen „besten Zeiten“: Je gesünder Sie ihn ernähren, desto länger wird er fit und vital bleiben. Ein Boxer sollte kräftig und gut bemuskelt sein, aber weder mager noch dick.

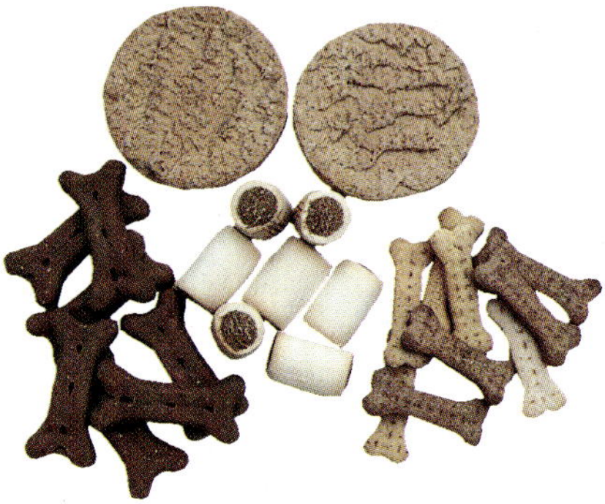

Vorsicht mit dem Futter im Alter!

Zeigen sich die ersten grauen Haare an den Lefzen, sollten Sie mit der Ernährung noch sorgsamer werden. Ein älterer Boxer bewegt sich weniger, schläft mehr. Er braucht nicht mehr so viele Nährstoffe. Die Hundefutterindustrie hat speziell für ältere Hunde eine Vollkost entwickelt, die weniger Fette und Eiweiße, aber doch alle Zusatzstoffe im ausgewogenen Verhältnis bietet. Die sollten Sie jetzt nehmen.

Wichtig:
Vergessen Sie nie: Hunde sind zwar keine Vegetarier, aber reine Fleischfresser sind sie auch nicht. Zuviel Fleisch belastet die Nieren und verkürzt das Leben Ihres Boxers noch mehr. Seien Sie deshalb gerade beim alten Boxer mit Fleisch vorsichtig.

Stellen Sie jetzt auf jeden Fall die Fütterung auf zweimal täglich um. Sie schützen Ihren Hund damit nicht nur vor der gefährlichen Magenumdrehung und vor einer womöglich notwendigen Operation, die er vielleicht nicht mehr überleben würde. Sie schützen auch seinen Organismus vor unnötigen Belastungen: Einen großen Batzen Futter auf einmal verdauen zu müssen ist für Herz und Kreislauf eine schwere Arbeit. Erleichtern Sie ihm diese Arbeit, indem Sie ihm zweimal täglich die Hälfte geben.

Haltung und Pflege

Mit 8, 10 Jahren kann Ihr Boxer noch putzmunter, verspielt und neugierig sein. Nur seine grauen Haare und ein vermehrtes Schlafbedürfnis zeigen, daß er nicht mehr jung ist.
Junge Boxer schlafen eigentlich nie. Sie legen sich hin, sie schnarchen sogar. Aber kaum kommt ein ungewöhnliches Geräusch, sind sie wach. Alte Boxer dagegen schlafen tief und fest. Und es kann durchaus Minuten dauern, bis so ein alter Herr, eine alte Dame sich wecken läßt und noch einmal – nur Ihnen zuliebe – zum abendlichen Gassigehen aufbricht. Akzeptieren Sie dieses Schlafbedürf-

nis. Halten Sie dem Hund Störenfriede vom Hals, und setzen Sie vor allem bei den Kindern durch, daß sie das Ruhebedürfnis des Alten respektieren. Keine Sorge, Boxer werden im Alter nicht launisch. Ein kinderfreundlicher Boxer bleibt bis zum Lebensende kinderfreundlich. Aber seine Ruhe braucht er trotzdem. Gönnen Sie sie ihm.
Und vermeiden Sie ab jetzt alle „Gewalttouren": Ihr Boxer würde – Ihnen zuliebe – alles mitmachen, aber er würde sich dabei – vor allem bei Hitze – ganz schnell übernehmen. Akzeptieren Sie, daß Ihr treuer Kumpan langsam alt wird. Genießen Sie die Zeit mit ihm, die Harmonie zwischen Ihnen. Machen Sie ihm und sich seine letzten Jahre schön und lustig. Lebenslust ist ein heilsamer Jungbrunnen.

Gesundheit

Vernünftig ernährte und rassegerecht gehaltene Boxer sind häufig bis ins Alter hinein gesund und lebensfroh. Sie müssen Ihrem Hund nur regelmäßig Augen und Ohren reinigen, ihn bei Hitze (ab 25°) schonen und ab und zu eine kleine Wunde versorgen. Boxer – vor allem alte – sind ausgesprochen pflegeleicht und wegen ihrer Kurzhaarigkeit auch immer leicht zu kontrollieren.

Unser Tip

Überlegen Sie schon einmal, was „nachher" sein wird. Ein kleiner Boxerwelpe, zur rechten Zeit gekauft und mit Freude adoptiert, kann das Leben des alten Hundes noch einmal enorm verlängern. Und „nachher" kann der Kleine Ihnen dann über die Trauer und die Leere, die bleibt, hinweghelfen.

Altersbedingte Erkrankungen

Schlimmer ist die Krebsgefahr, die ganz besonders die munteren Kraftpakete von Boxern bedroht: **Brustkrebs** und **Hodenkrebs** sind bei Boxern häufig. Aber sie sind operativ behandelbar, vorausgesetzt, der Hund

ist noch vital genug für eine Operation. Ist er älter als 8 Jahre, sollte man sich so einen Eingriff genau überlegen: Brust- und Hodenkrebs entwickeln sich langsam. Und es kann durchaus „gesünder" (= lebensverlängernder) sein, diese Krebsarten hinzunehmen, statt sie zu bekämpfen.
Die gerade für Boxer so typischen **tumorösen Zahnfleischwucherungen** *(Epulis)* oder der **Mastzellenkrebs** *(Mastozytom)* sind dagegen viel ernster. Die operative Entfernung ist kompliziert, verlangt intensive medizinische Nachbetreuung und verlängert das Leben des Hundes meist nur um Monate.

Unser Tip

Hat Ihr Boxer das 8. Lebensjahr erreicht, sollten Sie ihn zur „Generalinspektion" zum Tierarzt bringen und vor allem sein Herz prüfen lassen. Gegen die altersbedingte Herzschwäche (man bezeichnet sie auch als Altersherz) gibt es wirksame Digitalispräparate. Er muß sie nur täglich bekommen.

Häufig jedoch sind die tödlichen Bedrohungen vollkommen unsichtbar. Sie merken nur am Verhalten des Hundes, daß sich irgend etwas verändert hat: Ihr Alter ist plötzlich so schnell ermüdbar, er „spinnt" ab und zu, sieht Sachen, die Sie nicht sehen, trinkt literweise Wasser. Das kann ein **Herzbasistumor** sein, ein **Hirntumor** oder anderes. Behandelbar ist so etwas nicht, weil es immer erst auffällt, wenn es für jede Behandlung schon zu spät ist.

Nichts ist so schön wie ein alter Boxer. Aber auch nichts ist so gefährdet. Genießen Sie die Zeit, die Ihnen beiden noch bleibt. Machen Sie ihm und sich selber das Leben schön. Zum Trauern haben Sie, wenn er – häufig in der Blüte seiner Kraft – gegangen ist, noch Zeit genug.

Das Abschiednehmen

Wenn alles nichts mehr hilft, wenn auch Ihr Tierarzt ein bedenkliches Gesicht zieht, dann seien Sie vernünftig. Es macht keinen Sinn, einen sterbenskranken Hund noch von Arzt zu Arzt, von Klinik zu Klinik zu schleppen. Ihr Hund spürt, wann es mit ihm zu Ende geht. Und alles, was er jetzt noch will, ist Ruhe, seine vertraute Umgebung, sein ihm vertrautes „Rudel“. Tun Sie ihm diesen letzten Gefallen. Beunruhigen Sie ihn nicht, bleiben Sie bei ihm. Aber heulen Sie ihm auch nicht immerzu was vor. Sie wissen doch, wie gerne er trösten kam, wenn Sie traurig waren. Bleiben Sie bei ihm, und seien Sie tapfer. Er ist das auch.

Hat er Schmerzen, wird ihm alles zur Qual, dann müssen Sie Ihren Tierarzt rufen, damit er ihn schmerzlos erlöst. Fahren Sie dazu nicht in die Praxis. Lassen Sie den Tierarzt kommen. Diesen letzten Gefallen hat Ihr Alter verdient.

Ihren toten Kumpel dürfen Sie im Garten begraben, vorausgesetzt die Grube ist 50 cm tief, liegt nicht an öffentlichen Wegen, nicht im Wasserschutzgebiet. Wer keinen eigenen Garten hat, muß sich etwas einfallen lassen, vielleicht Verwandte fragen oder Freunde oder sich beim Tierschutzverein nach einem Tierkrematorium erkundigen. Wie Abfall in der Tierkörperbeseitigungsanlage „entsorgt“ und zu Tiermehl oder Gelatine verarbeitet zu werden, das sollten Sie Ihrem toten Boxer wirklich nicht antun.

Beim Sport, im Verein, in der Zucht

Der Deutsche Boxer zählt zu den anerkannten Gebrauchshunderassen. Das heißt: Er kann wesentlich mehr lernen, als „nur" Familienhund zu sein. Falls Sie mehr mit Ihrem Boxer vorhaben, sollten Sie sich darüber allerdings am besten schon vor dem Kauf im klaren sein. Natürlich, Sie können mit Ihrem Boxer, egal woher Sie ihn haben, auf jedem Hundesportplatz Ehre einlegen. Aber bereits für den Agility-Sport benötigen Sie (aus welchen Gründen auch immer) einen Ahnenpaß für Ihren Hund. Besitzen Sie den nicht, können Sie mit Ihrem Boxer nur noch „Breitensport" machen, die Volksausgabe von Agility.

Wollen Sie allerdings irgendwann mit ihm auch auf Ausstellungen oder gar in die Zucht, dann sollten Sie schon vor dem Kauf Kontakt zum Boxer-Klub aufnehmen und sich beraten lassen.

Ein gesunder, ausgewachsener Boxer macht jeden Spaß mit. Beherzigen Sie nur eins: Nicht nach dem Fressen, nicht bei Hitze und nichts mit Gewalt!

Wenn ein Boxer einmal „etwas werden soll“, dann muß er immer wieder den kritischen Augen der Fachleute vorgeführt werden:
- in der Jüngstenklasse (9 bis 12 Monate)
- in der Jugendklasse (12 bis 18 Monate)
- in der Junghundklasse (18 bis 24 Monate)
- in der offenen Klasse (ab 12 Monaten)
- schließlich – aber das ist nicht mehr so wichtig – auch in der Altersklasse (über 8 Jahre)

Boxer sind Gebrauchshunde. Bei ihnen zählt nicht Schönheit allein, bei ihnen zählt „Schönheit und Leistung“. Zur Zucht zugelassen werden nur Boxer, die in einer Zuchtveranlagungsprüfung vorgeführt worden sind und die den Anforderungen dort entsprochen haben. Sie müssen dabei eine **Formwertbeurteilung** über sich ergehen lassen, in der sie nachweisen, daß sie dem Standard entsprechen, daß sie „gesund und lebensvoll“ sind. Und eine **Wesensbeurteilung** müssen sie auch überstehen, in der ihr Verteidigungstrieb, ihre Furchtlosigkeit, ihr Mut und ihr nervenfestes Wesen geprüft werden.

Unser Tip

Der Boxer-Klub, der 1995 sein 100jähriges Jubiläum feierte, hat überall im Lande Niederlassungen mit eigenen Ortsgruppen und Übungsplätzen. Erfragen Sie die für Sie zuständige Ortsgruppe, und wenden Sie sich mit allen Fragen zunächst einmal an sie. Werden Sie Mitglied im Klub. Und machen Sie schon mit Ihrem Junghund überall mit.

Aber das ist noch nicht alles. Boxer, die in die Zucht gehen sollen, brauchen auch **Abrichtungskennzeichen,** also mindestens *eine* bestandene Schutzhund- oder Fährtenhundprüfung.

Sie sehen, wenn Ihr Boxer „mehr" werden soll als „nur" Familienhund, dann müssen Sie von Anfang an Zeit, Mühe und Geld investieren. Und dann sollten Sie auch mehr lesen als nur dieses kleine Büchlein.

Wichtig:
Hundezucht ist kein Hobby nebenher und schon gar keine Zusatzeinnahme am Finanzamt vorbei. Zur Hundezucht sollten sich nur Leute entschließen, die viel Zeit, viel Geld und eine große Liebe zur Rasse haben, die bereit sind, für das, was sie „produzieren", auch ein Hundeleben lang die Verantwortung zu übernehmen.

Es gibt in den Vereinen und unter Hundezüchtern immer noch – man muß das einfach einmal deutlich sagen – viel zu viele „Vermehrer", „Trophäensammler", „Künstler".
Aber – Hundezucht sollte nicht als Nebeneinnahme, als menschliche Selbstverwirklichung oder gar als „kreativer Schöpfungsakt" gesehen werden.
„Ein Hund ist der einzige Freund, den man sich kaufen kann", heißt es. Das ist richtig. Aber gerade deshalb sollten wir ihn auch immer als Freund behandeln – nicht als „Zuchtmaterial", als „Sportgerät" oder gar als „unsere Schöpfung".

Anhang

Nützliche Anschriften

Deutschland

Verband für das Deutsche Hundewesen (VDH)
Westfalendamm 174
44141 Dortmund
Tel.: 0231/565000

Deutscher Boxer-Klub e.V.
Geschäftsstelle
Veldener Straße 64–66
81241 München
Tel.: 089/568672

Österreich

Österreichischer Kynologenverband (ÖKV)
Johann-Teufel-Gasse 8
A-1238 Wien
Tel.: 01/887092/93

Österreichischer Boxer-Klub
Geschäftsstelle Hansi Höhne
Mittelgasse 26/1
A-1060 Wien
Tel.: 01/5970869

Schweiz

Schweizerische Kynologische Gesellschaft (SKG)
Länggasstraße 8
CH-3012 Bern
Tel.: 031/3015819

Schweizer Boxer-Club SBC
Zentralpräsident Pius Hollenstein
Alte Gillhofstraße 1
CH-8560 Märstetten
Tel.: 07228/1381

Literatur

Boxerliteratur

Beckmann, Gudrun:
Der Große Hunde-Knigge
Kynos, Mürlenbach 1987

Grosse, Joachim/Holzhausen, Peter:
Unser Hund – ein Boxer
Boxer-Klub e.V., München 1994

Ochsenbein, Urs:
Deutscher Boxer
Müller Rüschlikon
Cham-Stuttgart-Wien 1992

Piech, Frank U.:
Der Boxer
Franckh-Kosmos, Stuttgart 1987[5]

Stockmann, Friederun/ Osterburg, Renate:
So einfach wird Ihr Boxer erzogen …
Gollwitzer, Weiden 1984

Volkmann, Horst:
Der Boxer
Parey, Hamburg-Berlin 1989

Weisse, Walt:
Das Boxer Portrait
Kynos, Mürlenbach 1992

Weiterführende Literatur

Beckmann, Gudrun/Beckmann, Susanne:
Vom aufrechten Menschen zum Hundehalter
TG-Verlag, Gießen 1994

Birr, Uschi:
Erfolgreiche Hundeerziehung
FALKEN Verlag, Niedernhausen 1995

Reiter, Frederick:
So erzieht man seinen Hund zum Hausgenossen
Müller Rüschlikon 1992[11]

Schnabel, Elisabeth:
Unser Hund wird gut erzogen
Franckh-Kosmos, Stuttgart 1992

Juristisches

Quednau, Freimut:
Rechtskunde für Hundehalter
Parey, Hamburg-Berlin 1987

Register

Bei mehreren Angaben verweisen **halbfette** Seitenzahlen auf eine ausführliche Erläuterung des Begriffs.

Im FALKEN Verlag sind zum Thema „Hunde“ u. a. bereits erschienen:
„Chihuahua“ (Nr. 1597)
„Neufundländer und Landseer“ (Nr. 1644)
„Schäferhunde“ (Nr. 1513)
„West Highland White Terrier“ (Nr. 1514)
„Yorkshire Terrier“ (Nr. 1642)
„Ein neues Zuhause für Streuner und Tierheimhund“ (Nr. 1512)
„Erfolgreiche Hundeerziehung“ (Nr. 4808; auch als Video unter der Nr. 6198)

Die Deutsche Bibliothek – CIP-Einheitsaufnahme

Boxer : Anschaffung, Haltung, Erziehung / Gudrun Beckmann. –
Niedernhausen/Ts. : FALKEN, 1996
ISBN 3-8068-1596-8
NE: Beckmann, Gudrun

ISBN 3 8068 1596 8

Umschlaggestaltung: Peter Udo Pinzer
Layout: David Barclay, Neu-Anspach
Redaktion: Dr. Gabriele Schweickhardt
Herstellung: Michaela Krekel
Titelbild: Mark Wunsch, Uelzen
Umschlagrückseite: Bildagentur IPO, Linsengericht
Fotos: Bildagentur IPO, Linsengericht: S. 2, 3, 7, 13, 14, 16, 17, 18 o. li, u. re., 19, 21, 27, 28, 30, 31, 34, 38, 41–44, 46, 49, 51, 54, 55, 57, 60, 62, 63, 65–70, 72, 73, 76, 80, 81, 83; **„Ein Herz für Tiere/L. Lenz,** Cochem: S. 5; **Reinhard-Tierfoto,** Heiligkreuzsteinach-Eiterbach: S. 10; **Marion Schröder,** Hamburg: S. 1, 8, 11, 18 u., 23–26, 33, 36, 39, 45, 50, 53, 64, 71, 74, 82, 84; **Mark Wunsch,** Uelzen: S. 6, 59, 78
Zeichnungen: Gabriele Hampel, Kelkheim

Satz/Litho: DM-SERVICE Mahncke & Pollmeier oHG, Rodgau
Druck: Druckhaus Cramer, Greven

817 2635 4453 6271